陳默題

甌風

Culture of Wenzhou

2022 | 第二十二集

主办

温州南怀瑾书院

主编

方韶毅

文匯出版社

刘节未刊稿四篇

刘显曾　洪光华　整理

编者按：二〇二一年是刘节先生诞辰一百二十周年，《瓯风》特编发刘节未刊稿一组，以示纪念。此组文章均按手稿录入，错字、漏字之类一般迳改，未予出校。不能辨认者以□代。

我的检讨[1]

一、个人主义[2]

我作了几次的检讨，都不像一个检讨。人家说：你是自我表扬。其实我也没有什么可表扬的，也许就是因为没有什么可表扬，所以好自我表扬，因此，今天仍旧从自我表扬说起。

我的毛病最大的就是高度的个人主义。据我的想法，把个人主义扩充到了极点就是社会主义。就是说把小我放大，到了最高度就是大我。这叫做“一勺水的宇宙观”。张横渠说“为天地立心”，宋云彬先生说这句话是落了空。对的。所以自古以来的志士仁人大多数是落空的。我从小也想做志士仁人，到了现在也不过作到了高度的个人主义。

我在大学里读书的时候，正是共产党初起的时候。当时所出的前进刊物，如向导、中国青年，我都长期订看的。当时向我们宣传的是恽代英、彭述之。曾经有一次参加过共党地下宣传，在闸北一个小弄堂里，讲的人是彭述之。过了不久，我的一位共党朋友，名徐玮[3]的来，要我晚上到北站去，中夜里在火车厢上贴宣传标语。我因为怕死拒绝了，从此以后他们也不来要我去听讲了。就是我第一次的个人主义的表现。

大学毕业以后，因为清华研究院招考录取，在清华园住了两年，个人主义得到了发展的机会。因为受了梁启超、王国维、梁漱溟、□□□一班人的影响，就想在学问上建立体系，以发展个人特长，可以囤积居奇，待价而沽，因此脱离了群众。

说到建立体系，到底建立些什么体系呢？这就要说到受胡适同顾颉刚的影响了。早在未到大学以前，在家里念刘道原的《通鉴外纪》、金履祥的《通鉴前纪》，觉得三皇五帝的传说都是荒谬绝伦的，曾经写了好几篇文章批判它。这些文章都是看了胡适的《中国哲学史大纲》以后写的，其目的是想建立一套科学的、实证的古代史。所以到了清华以后，受王国维的影响，学会了甲骨金文，更加不相信三皇五帝。觉得顾颉刚不过是一种破坏的工作，我若是建立古史体系，一定要是建设的才是，于是个人英雄的想法便有了基础。出了清华园两年以后，郭沫若的《古代社会研究》出来了，在这部书里发现了莫尔根。那时在南开教书，高中国文要改卷，其苦不可言，问题就在不肯为人民服务，专家思想在作怪了。

在南开教书时，就时刻在想法子到北京图书馆去作事，弄了两年工夫才得进北京图书馆。在该馆作四年事，认识了许多日本及西洋的东方学专家，于是我的名望渐渐的大起来。正在这时，日本有一班国际间谍在北京利用中日庚子赔款，拉拢许多中国知识分子。其中有些是同他们发生秘密关系的，有些不过站在学术的立场上的接近。当时他们计划续四库全书，要许多学者为《续四库全书》作提要，稿费是很大的，我就是被拉的一个人。

当时日本人邀约时，我曾与一位老先生商量。他说光是作文章拿稿费也无所谓，可是不能有其他秘密事件。我以为作提要，都是普通的书（史部金石类、子部谱录类），既非国防秘密，又可以多看书多作文章，又有稿费，为什么不可以做呢？等到日本人有损我民族立场时再退出也不算迟吧。所以在一九三五年一月二十九日北京教授们反对冀东政府时要我签名，我立刻签名，就准备日本人取销我作《提要》的资格，日本人倒没有计较这一点。七七事变以后我到了上海，中日战争起来了，我就没有再作《提要》。后来我沦陷在杭州，从日本人那边很安全的逃出虎口，这倒是靠狩野、□□、原田、梅原几个人给我的信。同时因为在北京时认识日本大使馆秘书清水董三，才把我的书箱也弄回来。其实后来才明白清水就是一个大特务。因为我在社会上是一个超然份子，所以他们也就轻易的放过了我。因此也就增加了我的一种脱离政治的清高思想，而不知道这也是丧失民族立场的自私自利的行为。

到了上海之后，兼大夏大学的课，每月只拿到捌拾元左右，所以在上海十个月很艰难。直到中英庚款协助研究发表[4]，才有了确实的办法。把家眷送回故乡，自己一个人离开上海，经过香港、海防、河内、昆明、贵阳，到达重庆，在中央大学作研究工作。一九三九秋接浙江大学聘，到宜山。不久南宁沦陷，浙大迁遵义，我转入金陵大学。又由成都经嘉定到重庆，在重庆南岸黄山路口川江旅馆住了四年两个月。

在几年中最大收获就是《中国古代宗族移殖史论》，所谓建立体系，就在这部书上。顾颉刚的疑古是从经学出发的，是破坏的，不过是康有为《新学伪经考》《孔子改制考》的放大。在史学上说来，只说是宗教史观，就是三皇五帝的体系出于今文家。其基本道理，在五德终始说，就是说古代人的宗教观点影响于政治，他的直接影响是实验主义的史学。我的根据是莫尔根，先确定古代的社会制度，同它的发展过程。图腾社会——氏族社会三恪制的种姓制度，再进而为宗族社会——奴隶社会——初期封建社会。由图腾到姓氏，由姓氏到国族。社会发展史的观点，我的书里是有的，但是，阶级的观点是没有的。群众的观点是有的，就是说历史是为一般人的生活而写的，劳动人民的观点是有的。[5]但是，我曾经说过种姓制度是受经济制度的影响而产生的，种姓的制度在社会上所起的副作用，一直影响到后世的政治，这一观点到现在为止我还是不肯放弃。由图腾转为姓氏，由姓氏转为国族，是辩证法的演进。

在川江旅馆住了四年两个月之后，中央大学请我去教书，我才到沙坪坝，这是我第二次到沙坪坝。在中央大学，我开始一种新工作，就是从语言史上发现古代史的新事实，这一工作直到中山大学最初几年还是积极工作的。初步的成绩就是在《岭南学报》上发表的《古代成语分析举例》，从古文字学上求得古代人的语言。语言中最基本的东西是语根与语法，而这两样东西本身就是古代史。所谓历史观总是从事实中归纳出来的，离开事实还有什么历史观？自从史太林发了语言没有阶级性一说之后，我的工作已走向没有阶级的阶段，但是还不能离开我的唯性史观。《古代转语考》就要发表。

二、好怀疑[6]

我的好怀疑也是从研究学问上转变来的，由疑古而疑今，由疑史而疑人。“打倒别人建立自己”这件事在我一生中虽没有过，但打倒前人的古史体系，建立自己的古史体系，在我这里却是很积极的。所以听见别人要取下马克思的像挂上我的像，就非常之兴奋。在别人看来，比之要打倒别人的饭碗还要厉害些。所以别人说我标奇立异，自以为是。这当然是有根据的。

所以从四十岁以后，对于社会一向是抱怀疑态度，与人交往总是保持相当距离，自己的工作更要远离政治。从前不肯教近代史，现在连古代思想史都不肯教。教书最怕联系实际，长期的书房生活，终日钻在故纸堆中不想与群众见面，以避免世情的纠纷，因之造成严重脱离群众的事实。几乎所有的群众集会都不到，而不知道这种超然物外的做法是会减少革命力量的。

说到教书我一向是抱定贩卖知识的立场，还以为自己的东西多，足够货色，应有尽有，但并没有感觉到别人需要不需要。在课堂上，唯有填鸭式教法，没有想到学生的接受能力。冯副校长说我们在教书不是教人，这是很正确的批评。因为怕死，不革命，所以在大学里也只能贩卖知识，不敢惹到政治上的是非。可以说以前的一切工作都是与人民脱离关系的。

解放以后仍旧是如此。初解放时大家参加解放军入城典礼的游行，我却带领了妻子坐在茶楼上看游行队伍。接连两个五一劳动节、两个国庆节我都没有参加游行。还时常感觉到自己研究工作时间太少，五次辞历史系系主任的职务，对于系务没有积极的态度。热心地留恋自己的过去，强调个人兴趣，善于从个人的角度来欣赏自己的学问和专长，不曾注意到人民和祖国的无限光明前途，这一点实在会影响到工作效率的。

因为严重的脱离群众，在政治上的看法也都是从个人的观点出发，总觉得自己是革命的，共产党的革命倒是不彻底。是不是到了众叛亲离，做了世外老人的时候才算是彻底呢？所以在政治上，对于人民政府的成就一般的是拥护的，但是有相当距离的、不积极的，在教书时往往有露出不满意的话。在现在看来，这是于人民事业有重大不利的。说到这里还是个人主义在作怪，太看重了自己的历史观点了。

既然脱离了群众，对于团结工作自然做得不好。在系里对于学生团结较好一点，在同事中就不能够人人都顾到。看自己看得起，关心别人不够。往往因多疑造成不团结的原因，不信任人家，会引起许多误会。陈锡祺先生就说我不肯把历史系的中国通史交给别人教，是不相信别人，而自己也未能把中国通史教得好。如果真能好好地搞系务，要思想上领导他们，要把每个人的思想性提高，把全副力量放下来做才是。但是我至今还是想多得一些时间为自己搞通马列主义，而不知道要把系里的大众都搞通马列主义，所以推动工作打了折扣，这都是不能放下自己的问题，就不是全心全意为人民服务。

还有对于政治学习不够热心，看报时怕看长篇大论，看重大人物，渺视一般人的文章。这是因为自己的优越感与权威的要求，所造成的渺视群众的观点。既然渺视群众还哪里有为群众服务的观点？只看见群众的缺点，没有看见群众的优点，没有感觉到群众的前途。

所以我现在改造我自己，先要向群众学习。学习什么呢？第一学习劳动观点；第二学习群众观点；第三发展观点。要打倒的三种：第一，打倒自我的本位感；第二，要打倒自我的优越感；第三，要打倒自我的权威感，作成一个平易近情的人物。可是更要注意的是，不要向社会的罪恶低头。造成自己成为一个前进的群众的服务者。

三、学习不积极[7]

思想改造运动在中大已经有三个月的经验，但是我的进步很少，心中存在着的问题还很多，其中最大的问题就是实践的问题。讲的很好未必能做的很好，这表示出思想并未改造得如何好。我们这些小资产阶级，乃至于资产阶级的知识份子，受旧社会的束缚很深。不一定是坏的方面，就是说旧日以为好的，例如超政治观点、纯技术观点、关门主义，在国民党时代，就我个人说是与他们绝缘的。虽然也结交一些资产阶级的朋友，但是与他们的政治立场也不发生关系的，自命洁身自爱。因此对于现在的政治，也采取旁观态度，乃至于有时也采取批评态度。总觉得在国民党的时代，他们不来管我们，自由自在研究我自己所要研究的问题。

从前我在中大教书，一星期上三次文学院，其余的时间都在家里读书写文章，一双皮鞋穿了三年多。现在人民是得到解放了，我似乎比较从前更不解放。从一星期开三次会，到一天开四次会，初起时真是很痛苦，我这辈子要在开会中消磨过去吗？现在当然是惯了。同事们说，你是被迫思想改造，我觉得这也不一定，虽然是旧知识份子，难道旧知识份子都是不求进步？我的求进步心也很迫切，不过这是知识欲强，这种进步不见得一定于人民有益。现在我是全心全意想学习一些于人民事业有益，真正有益的事。去年诚心想出去土改，没有去得成。今年的三反运动学习、思想改造学习，除掉有半天因病请假，可以说每天都按时学习。我希望以后学习更好，得益更多。

四、看不起人[8]

我的缺点主观太强，个人英雄主义，外面看来很客气，内心实在是看人不起，尤其是那些自以为了不起的人。对于成功的人都给他很苛刻的批评。帮助人都是轻描淡写的，不肯很为人拼命争。而且最讨厌人欺骗我，嘴里虽不说，心里对他就隔开了。还有一点，交友以君子之交淡如水一句话做格言，生平就没有一个最亲密的朋友。不愿意做某一个人的死党，也不愿意在一个地方做多久。

我有我自己的理想，我这一套怎样发展也不会损害别人的。我这一套也是为救社会的，不过人家不听我而已，想法子使人相信，只有自己一个人照自己的理想行事。对于自己这门学问应读的书大体上都读过的，就是说近代史我不研究，也看了一些必要读的书。考古学，古文字，古地理，语言学，语音学，民族学，人类学，古代社〈会〉学，西洋史，西洋文学。在这一门学问里有计划的发展，一步一步提高。

办事凭一股热情，计划性少。这都是一向的习惯所养成，因为生平只想作一个研究学问的人，并不想作一番事业。一直到现在为止，还想关门读书研究一个问题，因此作事的心情冷淡。但为人自觉尚有正义感，作事也并非毫无办法，但对事务兴趣不高，要我作事务工作心里很觉反。[9]

注：

[1] 此为新发现的刘节一九五二年写在笔记本上的几篇自我检讨。首篇有题目《自我检讨》，加上时间稍后，没有题目的另外三则，以《我的检讨》为题首次公开发表。总题及各小标题为整理者所加。

[2] 此部分写于一九五二年三月下旬，参见《刘节日记》，大象出版社，二〇〇九年版。在笔记本中此篇检讨前（同年三月二十四日后），记录有同事对他的批判："个人主义"，"理论与实际分离"，" 唯心论与主观主义"，" 标奇立异，怀疑的心利害，自高自大，成见深"，" 个人英雄主义"，" 生活比较孤独，书斋生活趣味太浓厚，与群众脱离"等等。

[3] 徐玮（一九〇三—一九二八），原名宝兴，乳名九如，化名谢公韬、秦明、谢公锼、胡公达等，江苏海门人。一九二七年因共青团浙江省委机关遭国民党破坏而被捕，一九二八年被处决于浙江陆军监狱。

[4] 指《管理中英庚款董事会协助科学工作人员“人文科学组”揭晓通告》，一九三九年十月四日《中央日报》载刊。

[5] 原文如此，似句子未全。

[6] 此部分记在笔记本一九五二年四月三日会议记录之后。

[7] 一九五二年五月会上发言稿。

[8] 一九五二年九月会上发言稿。

[9] 原文如此，似应为“烦”，或“反感”。

历史系学生学习古代汉语的侧重点[1]

古代语文这一课的目标是培养同学们的读古书能力，初步了解古代的语法，以及中国古代的学术思想与文学发展史，最后希望能达到阅读《资治通鉴》一类古代史料，又如近代史料《林则徐全集》一类书籍。

我们的读古书的目标是古为今用，为得是研究古代史或近代现代史，但是这些史料多半是文言文写的，例如《林则徐全集》《饮冰室合集》，甚至孙中山的文章，有些都还是文言文。我们如果对文言文毫无了解，就要在研究途径中遇到许多困难，甚至可以到了寸步难行。就是稍解文义，也往往可以造成浅尝即止，不能深入。就是说我们只能接受别人的研究，不能进一步提出更深入一步的看法。当然，这还只能说是一方面的理由，最重要的还是学习马列主义关于历史学的理论如辩证唯物论与历史唯物论，政治经济学等等，这是一把刀子，可以解决一切主要问题的锁匙。我们现在是在讲古代汉语，只能就这范围以内加以完善的阐发。

我讲这一门课是有一些困难的，第一就是古书里的感情思想同我们青年人的思想感情很远，读起来有很大的隔膜。而且有些话我们也不能够接受的，所以讲的时候首先要加以批判，说明这在古代是平常的，可以理解。到了现在就不适用了，但是为了研究历史，为了解释当时人的思想感情，需要去理解它。研究历史的人要知道设身处地，不能以非历史主义地看待古代人与古书。其中也有些话是可以古为今用的，不论正面反面，都有它的用处。例如我们所选的文章中第一篇《天论》，就是就正面出发；第二篇《孟子》许行章，就是从反面出发，都可以用现代人的眼光去批判它，也可以借此机会去训练读书的技能。

现在我们都承认古书我们是应该读的，为了接受古代的优良遗产是应该读，为了研究古代史也应该读，问题就在如何读法。不能够取厚古薄今的方法，那就变为复古主义，那就是反动的了。我们为得要深切了解古代人古代事，是应该好好的体会古代人的思想感情。要了解古代人的思想感情，就不能不首先从文字入手。但这就是一个难关，我们必须打破这一难关。我系要开古代汉语一课，其目的即在于此。原本此课称历史文选，选一些先秦以来至五四运动以前的文言文，其实质是包括历史文学选读，如左传、史记、汉书、资治通鉴里一些文章。文章选得比较长，教的人又教得慢，因此每一学年教的分量很少！而变化不大，学生对于这门课收益不大，甚至很吃力，到了厌烦的程度，所以我们把它改为古代汉语。

这门古代汉语课与中文系的古代汉语又有所不同，希望还能够保存以前历史文选所有的目标，读了一年以后，至少可以培养起一些读古代史料的兴趣。因此要把中国古代历史文学的优良传统，或者说历史文学的优点传授给各位同学，使你们能够欣赏历史文学的优点。虽然没有要求你们用古文写文章，至少能够看得懂。我们开这门课与中文系还有一个很重大的不同，中文系开这门课主要是希望借此机会使同学们能通解中文古代语法的发展过程，以及语法结构，词汇的发展过程，等等。他们讲这门课文法高过于一切的要求，因为他们另外还有文学史，及其他文学课。我们就大不相同，我们只有一年的功课，每周二小时。今年因为特殊原因改为半年，每周四小时。对于这门课的要求很多，不能够专门把主要力量放在语法一方面。照我们的要求，应该是历史文学一方面。所以我们所选的文章也是这方面比较多一点。

现在把我们对于上面所讲的三个方面的要求分别的来讲讲，首先是中国的学术思想，我们在本系各门基础课都是用历史唯物主义的方法来分析，我们这门课也是一样。但是我们还要注意一个问题，就是中国学术思想的民族性一方面。因为我们中国人有中国人的特点，我们有我们自己的问题。民族性，基本说来就是地方性，我们必须在共同的理论上认识自己的特点。所谓中国的学术思想包括一些什么呢？例如代表中国封建统治阶级的儒家思想是一种唯心论的思想，这种唯心论与西方自希腊以来，经过文艺复兴一直到近世的康德一派的唯心论，基本上有所不同。同时儒家本身也有唯心与唯物两派的斗争，如先秦孟子与荀子，汉代的董仲舒与王充，宋代的张载与三程。就在唯心论之中也有客观唯心论的朱熹一派，与主观唯心论的陆九渊、王守仁一派的斗争。到了清代便有王夫之的唯物论与戴震的唯物论的斗争。我们在所选的论文中，首先就把荀子的《天论》与孟子的《许行章》摆在最前头，就是特别强调这一点。最后选黄宗羲的《原君》与章学诚的《言公篇》也是这种意思。其次就是史学史上所牵连到的问题，如我们选《史记》的《货殖传》，说明司马迁目光的远大，首先注意到社会经济与国民经济在历史中的重要性。到了《汉书》里把《河渠书》扩充为《食货志》，《货殖传》照旧。此后各史大体上说来都有《食货志》，但是不能与《史记》相比，因为史迁[2]所注意的社会经济，人民生活方面居多，到了后来注意国家财政赋税方面居多了。又如王符《潜夫论》的《浮侈篇》，《洛阳伽蓝记》的洛阳大市一段，都是强调这方面的重要性与特殊性。最后一篇是章学诚《言公篇》，讨论学术思想，主要是社会的公论非一人之私言，对于百家争鸣一政策也有所启发。

第二方面就是中国文学发展史，这个问题在我这门课里也只能附带说明一些体裁一方面发展的趋势，作一大概的举例。所以这回选文散文、诗、赋、辞、词、曲都有一点儿。不过诗、词，尽可能与历史文选相接近。如左思《咏史》，白居易《杜陵叟》，苏轼《念奴娇·赤壁怀古》等等。有些文章太长的也不敢选进，如庾信的《哀江南赋》，韦庄的《秦妇吟》。要看你们的兴趣鼓舞之下，可能要增入一些新的选文。我在讲这篇文章时，尽可能要连类而及其他诗文。如讲左思《咏史》时，说说五言古诗的起源；讲词的时候，要说诗词的关系。又如诗的古体与近体是怎样转变来的等。我之所以选庾信《春赋》，不只取其清新流丽。因为赋里头八句像两首七言绝句，而七言五言的绝律正在这个时候逐渐走入文坛，庾信是一个极重要的中间人物。选关汉卿的戏曲也因他原是一个杂剧早期作家。在这一课里所选的文章，当然以散文为最多，如果仅从散文方面看，百分之六十是历史文选，如《左传》《史记》《汉书》《资治通鉴》《后汉书》《文史通义》。韩愈的《张中丞传后叙》，说的是张巡守睢阳的事，也是在讲历史事件。在这些文章里结合历史事件本身来讲，是很合适的。讲的时候希望能多样性，但份量是不能太多。总之一句话，在教学中希望能够引起你们当中一些人欣赏古文学的兴趣。

当然文学的主要方面是内容，其次是风格。中国文学与其他国家一样，都是从民间起来的。对于人民的生活一方面的叙述，是最主要的内容。《诗经》就是一部最好的代表，本来对于《诗经》也想选一些篇章在里面。因为中学课本里已经有相当多的篇章被选入，在高中一年级时，已经选了四五篇。都是很好的作品，可以代表中国的抒情诗精品，如《蒹葭》《氓》《关雎》。我们中国的文学，主要的是诗。诗之中主要的是抒情诗，唐诗之可贵处在能善于继承《诗经》、楚辞。中国国民性格，诗取温柔敦厚。现在此风也许不怎么受人重视，但是我所说的是古人的当时情况，而温柔敦厚自有他好处。唐诗在温柔敦厚之外还加以意境悠远，情味隽永，非有高度的修养做不出来，但是伟大的诗人如李白、杜甫、白居易，都能把它扩充到长诗中去，使诗的气势浑厚，又能深入浅出。如杜甫的《兵车行》《丽人行》，白居易的《杜陵叟》《新丰折臂翁》之类，达到了顶峰。我们现在不选《兵车行》，因为中学已入选。现在选的是《杜陵叟》，或者《卖炭翁》，就内容说是写人民的生活，就技术说也是达到了最高的境界。

此外在文学发展史方面还要说明一些问题，例如在诗与散文里所要求的表达方式与在词曲中有所不同。因为时间有限，文章中没有选到文言文小说，当讲戏曲时，连带说到戏曲是把散曲与小说接合起来的东西，起于唐代的说唱文学，诸如此类，本课中都要说到一些。

第三方面是语法了。首先就是不能够在这一方面讲得太多，否则便变成文法课。结果使我们的目的要求达不到。因为文言文法的方面甚广，而自成体系，我们选文不能偏于这一方面，为研究古代语法的方便来选文。所以我们只能就所选的文章中，有些特殊的语法与我们现代语不同之处，拿来作一例子来说一说。但是希望能在这里面贯彻一个系统，这种企图是相当难于实现的，问题就是我也不是一位古代语法专家，触类旁通的工夫不一定能做得好，但希望能把它做得好！现代汉语是从古代汉语发展下来的，并不是两种不同的语系，因此许多地方是可以相通的，我们也就从这一出发点，来讲古代汉语。

按照汉语史专家——如王力的《汉语史稿》所说，包函三个成份语音演变的历史；语法演变的历史；词汇演变的历史。

第一部分不能讲，即使我在讲古代文，但并不要求你们读古代音，例如“天”，并不要求你们读古代音如“丁”，“明”也不读古音“忙”，因为这一方面的知识更专门了，我不能引导你们钻进这个迷宫里去。

第二部分是要讲的，只要连类而及。例如下列几点很显著的差别要说的：

词性变化较多，如《许行章》：许子冠乎——名词作动词用。

省略的字较多，例如《天论》篇，则天不能贫——使之贫的省略。

语词的位置有差别，例如尔何知？——你知道什么？吾谁欺？——我骗谁呢？这一部分将来要讲得比较多。

第三部分是词汇的发展，例如古语单音词多，子之武城闻弦歌之声，这个“之”字用现代语翻译是“到了”。又如“仅”字，不论古代或与现代都是说少，但是古语有说作多的。这一回我们选的文章里，有韩愈的《张中丞传后叙》里面说：初守睢阳时，士卒“仅万人”。就把“仅”当作多解。又《晋书·刘颂传》引刘颂的文章说：周之建侯长享其国，与王者并，远者仅将千载。杜甫的诗也有山城仅百层之句。此外有许多普通词，例如“事”，我们说“事情”；“耳”，“耳朵”；“弈”，“下棋”；“桌”，“桌子”；“鸟”，“鸟儿”等。原因很多，最重要的是避免与其他同音词混淆不清。以后我们随时来说一些问题，可以帮助你们读古书。

现在还要说一些问题，就是我们这一门课两周有一次练习，内容是标点古书，训练用工具书等等，目的无非是使你们能够很快地取得效果，很快能看古书。有人说要想很快能够收到实际效果，最好是能够背诵，至少也要熟读。我们小时候没有人能这样同我讲解古书，但是收到的效果相当大，原因就在于熟读，能朗朗上口。

最后还要说一说希望，你们对于我所说的话作何感想，体会到什么程度，因此想作一次测验。同时你们也可以向我有所建议，我现在先把我这一学期所要选的文章写在这里，作一参考，你们如果有什么要求也可以考虑修改。

注：

[1] 刘节先生之备课笔记，写于一九五九年，题目为整理者所加。

[2] 原文如此，即司马迁。

关于《中国史学史稿》答杨荣国诸同事[1]

我很感谢杨先生对我的《史学史稿》的诚意的批评。这一工作不只是一个党员应该做的工作，而且对于一个朋友说也是应该做的工作。因为我写《史学史稿》时的实际情况，多半是不知根据马列主义的讲法。余之史学史应该如何写？虽然可讲的话很多，但是如何讲法才算完全正确，实在是没有数目。其次就是我自已本来是一种讲法的，新的既然不知如何说法，自然旧的就要出现了。再其次就是懒惰、轻心，以为讲史学史也有那么严重的问题吗？如果这回杨先生没有明白说出来，我以为自己还下了一番苦功，为同学们找出许多资料。例如袁宏《后汉纪》中的哲学思想，实在是宋代客观唯心论的根据，“以理为心”一句话把宋学的渊源都找出来了。侯外庐先生的《思想通史》就没有好好提到袁宏，也没有给以应有的批判。在袁宏以外还有许多历史家的理论，我也都从各处把它们搜罗出来，至少可以算作提出问题来。但是这些都不是紧要的，我的中心思想是有问题的。

不过杨先生的话也并没打中我的中心问题，就是拿讲袁宏那一章来说，我的中心问题倒是另外一段上。虽然杨先生没有把我的中心思想讲对，但是站在他的立场是应该这样写的，不过还是增字解经，入人于罪的嫌疑。例如“拨乱世而反诸正”“三纲五常”两句话在我的讲稿中是找不到的。其次杨先生的文章还只有消极的意义，没有从积极方面提出办法，中国史学史应该如何写法。例如讲考据学，他认为《史学史》上可以不讲的。我现在还有一个疑问，例如金毓黻的史学史根本就不谈历史哲学，而谈考据及其他的地方也没有我的多。是不是就不是史学史呢？所以史学史上应该谈一些什么是值得讨论的。

其次，疑古学派的渊源问题我是讲得很多，而且寻根究底一直从孟子讲起，我觉得是应该的。把疑古学派给胡适、顾颉刚未免太可惜，不如给我担当起来，好给社会主义服务，不要斩断这个优良传统不是好吗？所以现在另一个问题，就是疑古是不是古代史的虚无主义？我虽然不信有夏代，但是并没说商代以前中国没有历史，相反的中国商代以前的历史很长。怎样长法呢，《古代宗族移殖史论》就是要解决这个问题。

其次就唯物辩证法与历史唯物论，在史学史上如何应用的问题。唯物史观在中国通史上的应用，我是有一点办法的，问题却在史学史上如何应用？例如野史与正史一个问题，同学们批评我不谈野史，这才是与事实不符。我从宋、元、明三代的史学史中，对于野史谈得很多，尤其是明代，谈野史多过于正史。为什么都不注意呢？其他如起居注、实录应该如何处理？是不是可以一概不管呢？例如邓茂七的起义，李龙潜不是在《明实录》上找出许多资料吗？当然实录中的资料有片面性，但是披沙拣金往往见宝，只要我们熟识资料善于运用而已，所以史学史不可不讲的缘故就在此。

我觉得历史学应该还有一个技术的发展问题是很重要的，决不能说只重视历史哲学就够了，不知道对不对。所以从起居注到实录，实录到长编，纪传体与编年体的发展，以及其他史体的发展过程不能不讲。总之我的史学史有许多地方应该批评，应该增补。例如助教同志们的批评里说我，说刘知几时不及《唐会要》卷七十七所提到的事。我觉得提到的就是司马贞一节里的事我没有引《唐会要》，引了《文苑英华》的文章，这个问题当然还可以详细谈一下的。又如我在他处引用了《文心雕龙·史传篇》的话，但批评皇甫谧时又没有引用，给杨先生特别举出，很好。又如王鸣盛、陈澧为范蔚宗讲好话我也没有引，给梁方仲先生举出来了。恐怕这样的例子还很多，如果真的从这样的方法批评我的讲稿，恐怕百孔千疮，可谈的地方就更多了。

现在还有一个问题很重要！就姜伯勤、黄宣民他们的文章上说我是非理性主义者，杨先生说我是理性主义者，我到底是理性主义者还是非理性主义者呢？我觉得这个问题要弄清楚确实是关系我很大。再者《历史论》这本书，是值不得一谈的。但是诸位居然大引其引，各篇文章差不多都引到，就是《新现实主义》三篇没有人引到。如果有肯在这三篇文章里下一下工夫，也许可以找出与辩证唯物主义也有蛛丝马迹之可寻。这不是说自己是唯物主义者，是说我过去写文章时，还不能说一心想建立体系，所影响的方面是很杂的，这也是我自己不好，杂货店一堆，教人分不出理性主义者和非理性主义者来。我觉得有必要把自己的思想搞搞清楚。

最后杨先生这篇文章里有两条注是弄错了的，有一条我要负责，三九页最后注四“古文学”当作“古史学”。这是讲义的错字未改。三八页注八“后汉书”纪卷二十三，应该是《后汉纪》卷二十三，这一条不是我自己弄错的。

总之我应该感谢杨先生，假定不经过他这样一批判，我的讲稿害人更多。现在批判了之后，我已经同意人民出版社的提议，暂时不出版了。以后再说。但是主要的问题还不在此，以后怎样讲法？我想我以后只供给材料，推举一位年轻的同志拿去编，我也参加讨论，等到我的思想真的搞通了再由我来讲，我觉得这个办法很好！

注：

[1] 刘节先生之备课笔记，写于一九五九年，题目为整理者所加。

《易经》卦爻辞的年代与《易传》中的辩证思想[1]

（甲）读《周易》的意义

今年暑假有几位同学要我讲《周易》，他们说《周易》最难懂，没有方法读它，要我一句一句地讲。我觉得《易经》是值得读一读，因为《易经》中涵有许多人生哲学，到了现在还是有价值的。如谦卦说人应该如何谦恭，恒卦说人应该如何做事有恒。如革卦说应该如何革新，豫卦说应该做事有准备。如小畜卦的象辞说，人应该多多吸收前人的经验。此外，如损的对面是益，泰的对面是否，剥的对面是复，既济的对面是未济，这就是中国古代辩证思想的雏形。而且《易经》里充满了变的观念与发展的观念，这在二千多年前的人能够说出来也是不容易的，总之《易经》中是有一些好东西的。虽然是古代的人说的，我们也可以用现在的事去了解，在原则上有相同之点，对于我们是有启发作用的。尤其是两千多年以前的人都能看得到，我们就应该比他们更为进步才是，这是读《周易》的第一种意义。还有第二种意义，因为《易经》中的事实多数出于殷周之际到东周中期的史料，是我们研究历史的人不可不知道的。研究历史固然应当重视近代、现代，但是也不能忽略了古代，没有古代哪里会有近代、现代呢？而且近代、现代的历史无有一件不可以上溯古代史的。比如中国是一个长期封锁在封建制度里的国家，为什么封建制度在中国出现那么早，而且又维持得那么长久？这不是研究革命史的人所需要知道的吗？就是研究这样一个重要问题，与古代史就发生了密切的关系。因此说到奴隶制度的没落与封建制度的产生，就与《周易》中的史料发生了直接的关系。又如周代初年直到晚周，中国黄河流域各地的部族是很多的，文化程度是很不一致的，这里面的复杂情况是很难分析的。《管子》是一部战国时代的书，其中还说到海上有十里之诸侯，可见战国时虽然名为七国争雄，但是细小的独立部落还有很多存在，到了秦汉大帝国出现以后，才退处深山穷谷，变为现在少数民族的祖先，这一事实之存在是大家承认的。那末，这么多的少数民族，在古代我们应该如何去了解他们呢？这一重要的事实，也可以在《周易》卦爻辞去找一些数据的。比如古代，大约在殷周之际，黄河流域有别，可分为两类的部族，其一类名行师；第二类名邑国，也名之为行人或邑人。中国的封建制度就在邑国的土著部族中生长起来的，这不过是举一些很显明的例子而已。第三种意义我觉得更加重要。首先，就是《易经》本来是用〈来〉卜卦的问吉凶的书，原本是一件迷信的事。但是编《周易》的人却把这一迷信事，多神论的宗教思想，使它越过一神论，而提高到泛神论哲学思想。把一些人生的大道理，分散地录在一些卦爻辞中，使那些极端迷信的人，在那些卜吉凶的卦爻辞中得到一些至理名言。使他们知道所谓吉凶是人世间的是非善恶，都是人们自己招来，并不是可以侥幸得到的。能够想出这一方法的人，无疑的是有一套历史哲学在胸中，所谓“积善之家必有余庆，积不善之家必有余殃。臣弑其君，子弑其父，所从来者渐矣，由辩之不早辩也”。这不是很深刻地告诉我们，所谓吉凶不是神给你的惩罚，其实就是你自己给你自己的惩罚。在两千多年以前的人能明白这一点，还能说它不是进步的思想吗？我们来读这样一部书，能够说它是没有意义吗？所以第一个问题我已经说清楚了。

（乙）《易经》的内容与卦爻辞的年代

同学们中有人说《周易》很难懂，为什么难懂呢，原因就在于不知道里面到底讲一些什么东西，只知道《周易》是卜卦用的，首先就是迷信的事，我们这个时代还希望对那些古代的迷信得到什么了解吗？一翻开书满是一些上六、初九、初六、上九□□□，再不然就是一些贞吉、悔无、贞厉、引吉、无妄、噬嗑，等等不认识的字与不知道解的话。若仔细一研究，问题是简单的，首先就是卜与筮的问题。大概在游牧社会里，卜是龟甲的，在龟的腹骨里凿洞，以火灼之，然后视其背面的裂缝，这就是所谓兆。兆有吉凶，于是（有了）泰的猷辞，这就是所谓卜辞。我们现在虽然用这样简单的话来说，其里面的手续很多，我们现在已经不能够详细知道了。农业社会兴盛以后，才有用蓍草的筮法。《易经》的卦爻辞是以筮法作基础的，先有筮法然后有八八六十四卦，每卦六爻，六乘六十四得三百八十四爻。用五十根蓍草，经过三次揲蓍的方法，才能得出一爻十八变，才能得到一卦。六十四卦三百八十四爻，中间其实只有两样很简单的符号，这两种符号最初是从龟卜中的兆而来，作▬形的是整的，作╍形的裂开的成□。就是以奇数▬代表阳性，偶数╍代表阴性。易传中说生生之谓易，用现在的话来说，生命的演变就是易。生命之中无非两种原因，这就是阴性与阳性，这是化生万物的重要因素。照理说来这应该是唯物论的思想，可是作《周易》的人把这一简单的道理看得非常之神秘。虽然他们曾经说过“易简，然后天下之理得”。又说：“易则易知，简则易从。”但是也说到：“是兴神物，以前民用。”作《易》的人究竟是抱有神秘思想，还不能当他作真正的唯物论看待的。问题就来了，难道真的只有⚊与⚋就能说明一切问题吗，这是不可能的。一切复杂的问题都从三开始的。⚊代表男，⚋代表女，夫妇之道从这里产生。有夫妇便不能没有儿子，这不是从二变成三吗？这同我们正反全的道理是一样的。于是阳爻三倍就是乾☰，阴爻三倍就是坤☷，这样便出现乾坤两卦。说⚊与⚋代表男女阴阳是很容易理解的，再由男女的现象再进一步，以男代表天，女代表地也就很自然了，所以有人说上天下地从殷以来就有的。不错，是有的。但是从⚊与⚋两个符号上如何可以看出与天地相像的地方来呢？所以用⚊与⚋代表天地是后起的事。至于用乾坤来代表阴阳与天地或男女，那就更在后面了，这都是一再引申的结果。既然有了乾☰、坤〈☷〉两卦的排列方法，于是作《周易》的人便有心思可用了。我们试一试先用一爻来掉换一下，于是变成☴、☳这就是巽卦与震卦；再来调换两爻于是变成☶、☱，这是艮与兑；现在还有一变化就是☲与☵，便成为离卦与坎卦。这里不能再变了，所以易传上说“因而重之”，就是每一卦都用二乘。例如乾作䷀，坤作䷁，艮作䷳，震作䷲，离作䷝，坎作䷜，兑作䷹，巽作䷸。既然可以加倍，那变化就多了，那就用八卦自乘了。例如☰+☷=䷋，否卦；又等于䷊，泰卦。用此类推其变化的方式，只八八六十四卦。于是乎，每卦有六爻，六十四卦共三百八十四爻。每卦有卦辞，每爻有爻辞，共有四百四十八条繇辞，那就可以说明好多问题了。繇辞一名是卜辞里来的甲骨文，作猷告或告猷，尚书里称猷告也写作猶。古代有一种官，称作遒人，也作逌人，是采风的官，也名为輶轩使者。我以为这些制度都是起于古代的猶族，甲文里就有伐猶之辞，所以猶是部族名，到了周代称之为繇辞，左传、国语里都是如此写的。现在所传的《周易》称爻辞，即从猷与繇之音而来。但是现在的《易经》里用九代表阳爻，用六代表阴爻，于是每卦六爻称初、二、三、四、五、上。如乾卦最下一横称初九，最上一横称上九，乾卦于是九二、九三、九四、九五在中间。坤卦最下--为初六，于是六二、六三、六四、六五，至最上--为上六，此外其他各卦类推。但我们有一问题，六十四个卦划与六十四个卦名，是哪一种先出现的呢？我们的看法是先有卦划，然后有卦名。其次就是八卦之名先出，还是六十四卦的卦名一齐出现呢？据我看，八卦与六十四卦当有先后，但时间不会相差太长久，要不然就想不到八卦。既然想到八卦了，从八卦到六十四卦是不十分困难的，用不着“人更三圣”（伏羲、文王、孔子），“世历三古”（从伏羲到周）的。现在还有一个很重要的问题，就是六十四卦的排列次第问题，我以为序卦的次第，就是作《易》者的深意所在。

上经，从乾坤到坎离，就是从天地到水火，主要是说自然界的现象。下经，从咸恒到既济、未济，是男女问题，开始说明社会发展的规律。最显明的就是上经最后是水火两卦，下经最后呢是水火既济与火水未济。而自然现象与人类社会的事象，总是无穷尽的，所以全经以天地开始，以既济、未济终，它的体系是整然的，它是有一套历史哲学与自然哲学在里面的。据我看，《易经》有六十四卦，是先有〈卦〉划后有卦名。卦的排列是根据一套哲学思想，这中间产生的先后是有的，大体上说来不需要经过很多人与很多时间。现在的《周易》把六十四卦分为上、下经，上经自乾至离共三十四卦，下经自咸至未济共三十四卦。每卦一条卦辞，六条爻辞，合共四百四十八条。繇辞这算是经。此外乾、坤两卦各附文言一段，《易传》之一。此外每卦有彖辞一条，也分上、下经，为《彖传》二篇。每卦有象辞一条，有解释爻辞的象辞六条，也分上下经，为《象传》二篇。此外尚有随义发挥的若干条，称《系辞》，也分上下二篇，这样便是七篇《易传》了。在这七篇《易传》以外尚有《序卦》一篇，说六十四卦排列次第的原因。又有《说卦》与《杂卦》二篇，合起来共十篇《易传》，汉代人称之为《十翼》，也是卦名，孔子作。据我看，就是战国晚期作《易经》的人作的，至少《序卦》一篇与《系辞》上下篇是作《易经》的人作的，因为这种思想与战国晚期的儒家思想很相合，尤其是与荀子一派的思想相合。本来卦爻辞中的资料大都取材于古代卜人的占辞，其中资料大都与卜辞上的事实相合，早的可以溯至殷代晚期，但是这四百多条卦爻辞都是经过作《易经》的人改造过的，因此也包括大量晚周人的语法与思想方式。

（丙）《易传》的年代与《易传》中的辩证思想

汉代有一个学者名董仲舒，他说过一句话：“天不变道亦不变。”这种思想虽然也是儒家思想，但与《易经》中的思想是恰恰相反的，不论《易经》《易传》，全部都是说变的。唐朝人把易的意义分为三种，即不易者道之体，变易者道之相，简易者道之用。其实，作《易经》的人只有一种思想，就是生生之谓易。孔子曾经说过：“逝者如斯夫，不舍昼夜。”到了乾卦象辞，便说“天行健，君子以自强不息”。这就是说不论体、相、用，总起来都是变的。虽然是变，但是有原则的，所以说“易简而天下之理得”。到底易简到什么样子呢？这就是“一阴一阳之谓道”。阴阳就是刚柔，所以说“刚柔相推而生变化”。因此，“在天成象，在地成形”，“日月运行，一寒一暑”。又说“广大配天地，变通配四时，阴阳之义配日月，易简之善配至德”。用这样的思想去推论易理，是以动为主的，所以说“变动不居，周流六虚”。在《易经》里是不说永存的体，只是说到变动不居的象的，而没有说到不变的道的。虽然说神，但这个神是泛神，所以说“故神无方而易无体”。在天地间只有两样东西，就是说

"精气为物，游魂为变"，是以他们把神也当作物看待的。于是又说"是以明于天之道，而察于民之用，是兴神物以前民用"。他们虽然说神，但一定与物连在一起的，所以又说，"见乃谓之象，形乃谓之器，制而用之谓之法，利用出入，民咸用之谓之神"。因此通神明之德的，必定就类万物之情。他们虽不是彻底的唯物论，但比之客观唯心论有一些进步。他们看出整个宇宙是动的，但这种是有规律的动，所以又说："天地之道，贞观者也；日月之道，贞明者也；天下之动，贞夫一者也。"

《易传》中的思想往往与《孟子》与《中庸》相通，虽然在《孟子》书里根本没有提到《易经》。相反的在《荀子》书里倒是提到了《易经》，如《大略篇》引小畜卦初九爻辞："复自道，何其咎。"又如《非相篇》引坤卦六四："括囊、无咎、无誉。"在《荀子》书中屡次提到的子弓，就有人说是《传易》（或是《易传》之误）的馯臂子弓，不是仲弓。又《荀子》里不只是引《易经》，而且有与《易》相同的文字。如《大略篇》："《易》之《咸》，见夫妇。夫妇之道，不可不正也，君臣父子之本也。咸，感也，以高下下，以男下女，柔上而刚下。聘士之义，亲迎之道，重始也。"这是《易经·序卦》与《彖传》的文字。虽然《荀子》书里有那么多《易经》与《易传》的关系，但是《易传》的哲学反而与孟子的思想接近的。孟与荀的重大不同就是孟子以动的道理说心，荀子总以静的道理说心。如说："心何以知？曰：虚一而静。"又说："未得道而求道者，谓之虚一而静。"孟子就大不相同，孟子对于心的理解是："操则存，舍则亡，出入无时，莫知其乡，惟心之谓与。"又说："耳目之官不思，而蔽于物。物交物，则引之而已矣。心之官则思，思则得之，不思则不得也。"因此他主张"存其心，养其性"。首先要肯定性是善的才可以存，可以养性，如果是恶的还能够存它吗？《说卦传》说："昔者圣人之〈作〉《易》也，将以顺性命之理。是以立天之道曰阴与阳，立地之道曰柔与刚，立人之道曰仁与义。兼三才而两之，故《易》六爻而成卦；分阴分阳，替用柔刚，故《易》六位而成章。”但是荀子说：“凡以知，人之性也；可以知，物之理也。以可以知人之性，求可以知物之理而无以疑止之，则没世穷年不能遍也。”荀子的话这样说：“故人心若盘水，正错而勿动，则湛浊在下，清明在上，则足以见须眉而察理矣。微风过之，湛浊动乎下，清明乱于上，则〈不〉可以得大形之正也。心亦如是矣，故导之以理，养之以清，物莫之倾，则足以定是非决嫌疑矣。小物引之，则其正外易，其心内倾，则不足以决庶理矣。”孟子曰：“万物皆备于我，反身而诚，乐莫大焉。形色，天性也；唯圣人可以践形。”又云：“尽其心者，知其性也；知其性，则知天矣。”又说：“莫非命也，顺受其正。”孟子又说：“口之于味也，目之于色也，耳之于声也，鼻之于臭也，四肢之于安佚也，性也。有命焉，君子不谓性也。仁之于父子也，义之于君臣也，礼之于宾主也，知之于贤者也，圣人之于天道也，命也。有性焉，君子不谓命也。”这种思想在《中庸》里得到发展：“诚者物之终始，不诚无物。唯天下至诚，为能尽其性。”又说：“《易》无思也，无为也，寂然不动，感而通天下之故。”《易传》里时常说到至精、至变、至神，但是不说至诚，只有文言说到诚。子曰：“君子进德修业，忠信，所以进德也；修辞立其诚，所以居业也。”又说：“成性存存，道义之门。圣人以此洗心，退藏于密。”

注：

[1] 刘节先生遗文，作于一九五六年。

从海边山城到上海滩

——我的学生年代

徐光蘧　文　黄国璋　虞争鸣　整理

编者按：徐光蘧（一九一四—一九九一），浙江温岭人，一九四一年毕业于国立上海商学院，新中国成立后曾任温州建国高级商业学校校长、温州市教育局副局长、温州教育工会主席、温州第二中学英语教师、温州市政协常委等职。一九五七年被打成右派，后改正。此文原题为《我这一辈子》（学生时代），由黄国璋、虞争鸣根据手稿整理。因手稿残缺不全，本文由好几篇文章编辑整理而成，故编者新拟现题。

我的家庭

第一次世界大战在欧洲爆发那一年的大暑季节里，我在浙江省温岭县一个滨海之乡出生了。

我出生在一个地主家庭，父亲叫徐肖帆，是清朝末代武举人。由于从

“武”，所以在文化上是一个半文盲，识字不多。他原配蔡氏，生过一男二女后，因病去世。父亲续娶金佩章，生一男一女，便是我和妹妹徐光霞。我的大哥和我同父异母，他叫徐光韩，念过一年初中便辍学结婚了。大姊、二姊在我还没有上学时，都已先后出嫁。此后，我们很少见面。我连她俩的名字也记不清。连姊姊的名字都不知道，这在年轻一代听来有点近乎奇谈怪论，但是在封建社会，妇女出嫁随夫姓，只称江徐氏、陈徐氏，不知姊姊的名字，也算正常。怪事还不止于此。例如，光韩是我唯一的哥哥，同住在一个家，但是我这一辈子和他坐下来谈话，估计每年最多两三次而已。现在回忆起来，也奇怪也不奇怪。因为第一，我念初中在临海，高中在嘉兴，大学在上海，大学毕业以后的四十几个年头，我一直没有离开过学校，即便有调动，也是从这所学校的大门出来，又进另一所学校的大门，而且是一个长期“以校为家”的人。第二，在我还刚开始上学的少年时代，他便已经养儿育女了。第三，由于父亲还经营轮船公司和当铺，他是大少爷，所以，他在青年时代是度过“花天酒地”的生活的。中年以后，他吸起鸦片来，所以，我和他“话不投机半句多”，从少年时代起，便不是“同路人”。

温岭县是海边的一个山城，而我的原籍雨岙庙则在山城的海边。如果翻开地图来看这个县有四分之一到三分之一是平原，而且水利条件很好。据我所知，所有的内河不论东西向还是南北向，基本上都是平行的，很有点像“棋盘”。之所以如此是由于这一带土地原来都是海涂，经过长期筑塘围垦，由大陆伸向海边。一开始，谁用，谁种，谁占有。后来逐步并吞，谁家有钱有势，谁家筑堤，堤内涂田便归谁家所有。记得我在初中念书时，一个叔公告诉我，当时在雨岙庙一带，姓徐的家族人口发展得比较快，除了前徐、中徐、后徐之外，还有上徐和下徐。他们的最早一代是从金清港北岸迁过来，当时那一代是手工业者。由于上一代中了监生，而且

徐光蘧（徐正惠提供）

六个儿子也先后考中监生，于是父子“七监生”便向南岸发展，成为大家族。我的父亲和祖父都是武举人。据传二十年代初期我的家庭是比较富有的。父亲曾经拥有三四百亩有租可收的土地（当时还有只长咸草不产粮的涂田），除了一间连家的小当铺外，还在金清镇和宁波人合资经营过永清轮船公司，拥有一艘名为永清轮的小汽船，往返于黄岩金清港和宁波之间。二十年代初期或稍早几年，温岭县东、南两区接连发生过较大水灾（潮水进入稻田，当地俗称“洪潮殁”），田地多年不能耕种。一九二三年，永清轮也在离港口不远处遇风沉没。我被送到离县城十九里的琛山舅父家寄住。十年之后，我的家也搬到温岭城关。

回浦——我的启蒙学校

由于种种原因，我的中学阶段比一般人多花了两年的时间。我是一九二八年秋进初中的，一九三六年才结束了整个中学阶段的学习生活。

温岭县虽然不很大，全县城乡也有四十多万人口，却还没有一所初级中学。北区横峰桥宗文书院旧址，曾办过区立宗中，第一届招生只有十九人[1]，城关镇北门办过竞成中学，我进去只两个月就关门了。整个台州地区包括现在的椒江市、临海、黄岩、温岭、天台、仙居、宁海和三门，当时还没有一所高级中学（记得我妻子怀卿考上浙江省立第六中学高中部，还是第一届的）。所以我只能到离家几百里外的临海县去念初中，后来，到更远的嘉兴去念高中。

中学对于我的影响很大，说得概括一点，它决定了我“往哪里去”。作为出身封建地主家庭的人，中等教育促使我走向“未来”而不是走向“过去”。

我念的初中叫私立临海回浦初级中学。这所学校，当时在台州地区是规模最大的，包括附属小学，学生一度多达一千三百余人。教学质量按当时的条件还是很高的，体育活动在校内很普及，在校际很活跃。学校历史比较久，虽然是“私立”，但由于有自己独特的校风、学风，有一套班底，还有一些不成文却又比成文更有效的规章制度。这一切，使它在台州地区的声誉超过了“公立”的浙江省第六中学。

现在回忆起来，学校有几个特点是比较突出的：

旧社会私立中学办得比公立更好的原因之一是，他们有一批教育事业的教学骨干，同心协力，把全部精力花在教育事业上。回浦中学也一样。学校创办人陆翰文，他既是学校董事长，又是地方士绅。他在校内是一位不是校长的校长，不称主任的主任，什么事都由他说了算。他全家老小都住校，以校为家。但是他在校外，也有一帮人，一派社会势力。

根据后来了解，当时在临海有两股势力，分别叫“三魁”和“五道”。所谓的“三魁”便是陆翰文（校董会董事长兼国文教师）、卢铎（校长兼英语教师）、邵定安（总务主任兼生物教师）。他们和“五道”是势不两立的。“五道”指社会名流（其中之一是五洲大药房大老板）。

陆翰文有一个绰号叫“老陆哥”，既非尊称又非贬称，时是尊称，时是贬称，因人而异。但能说明他在临海事无大小，都有拍板权。我记得有一年我们几个温岭人从轮船码头雇人挑行李到学校，讲明价钿，挑到以后，挑夫要敲竹杠，正好陆翰文缓缓而来，只轻声说了一句：“有规定的。”几个雄赳赳的挑夫毕恭毕敬，齐声称“是”，没有二话走了。他教过我初一的国文课，教学方法和教学效果都一般。但他有一个特点是一般任课教师望尘莫及的：他不单对他所任教的班级，而且对全校三个级段的各班学生都能指名道姓，对一些学生还能叫出他的哥哥、弟弟以及他爸爸的姓名。从这点来说，他对学生的情况是深入了解的。卢铎和邵定安还有教务主任沈今吾，也是主要课程的教师。卢邵两师一任英语，一任生物，虽不是著名教师，总还算能够深入课堂的教育工作者。

第二个原因是学校的勤俭朴素之风非常突出，特别是和当时在海门（今椒江市）的另一所名叫东山的初级中学相比，可以说大为悬殊。东山中学也是私立的，学校设在东山之巅，风景优美，收费昂贵，能进这所学校念书的一般都是官、商和士绅的子女。而回浦中学当时的收费相当低廉，“乡下人”入学的为数不少。全校学生考进这所学校后一律剃光头，一律穿“花米统”（蓝粗布）学生服。临海街头的任何成衣匠只要知道你是“回浦生”，他就从来不问你要用什么布料，制什么样式。学习了一年，升到初中二年级后，每人还要备一本练习簿当账簿，每天把个人的生活费用记下来，供学校抽查。现在回忆起来，这种艰苦朴素之风是行之有效的。例如每年开学从仙居、天台等山区返到临海念书，一般行李都是自挑的，我们温岭同学由于行程要两天，一般都是集体行动，先去海门镇。它当年是台州地区热闹的港口，商业很发达。一般都在傍晚到达。如果正碰上海潮上涨，我们可以马上转灵江轮船；如果要候潮到天亮，我记得（至少有过两次），我们就在内河埠头席地而睡，不进客栈。

第三个原因是体育活动很普及，基本上做到课外活动时间人人各得其所。因为学校有一条“不成文法”，就是每个学期每个学生都要自己选定一项体育活动。选定以后，由学生会体育部编队分组，第一队是最佳运动员，是最“出风头”的校队。当时活动项目没有现在那么多，但足球、篮球、乒乓球、小皮球等都是很风行的。编队编组之后，轮流活动，天天如此，人人如此。第一队的校际选手毕业了，第二队的选手补充进第一队，所以，回浦的运动员是长期“后继有人”的，但是这个庞大的课外活动的组织者究竟是哪一位老师，我念了三年半，也搞不清楚。只是有一件事却给我留下很深的印象，那便是从来没有听到过“如果不参加就要怎么样”之类的话。事实上，当一个大寝室里的全体同学都跑光，教室里一个同学也不见时，你自己想留也留不住。所以回浦的体育成绩在当时的台州地区首屈一指，是有基础有传统的。

第四个原因是学校文艺之风很盛。几乎每一个班级、每一个寝室都有自己的墙报、期刊，也有一些志同道合的人，组织起来自行出刊物，一般是油印的，但也有铅印的（铅印在当时还是困难的）。我自己在初中三年级的时候，便组织过一个，叫□波文艺社，这个文艺社的唯一活动，便是铅印出版过一本名叫《门槛》的小册子。它的封面是红、白套色的，设计人是美术老师，第一篇《门槛》是屠格涅夫的作品，由我们敬佩的国文老师徐懋庸从法文中译出（他当时化名余致立），其他都是我们自写自改的习作，大多数属于反封建的短篇小说和诗歌。其中有一篇以徐老师和后来成为革命伴侣，共同参加长征的刘蕴文[2]的恋爱故事为题材，有点像现在的报告文学，倒是值得纪念的。此外，代表学校并作为校刊，在师生中有权威的《回浦潮》是质量较高的。记得曾经连载过徐懋庸老师《北窗琐记》之类的杂文。《回浦潮》这样高水平的校刊，同班同学吴宗华（现杭大数学系教授）也曾参加编辑。

第五个原因是学生会的自治能力很强。有相当数量的学生事务是由学生自治的。班级有级长，寝室有室长，球队有队长。我们对校外男女老少办有夜校，我也曾经担任过“教师”，可是我一直不知道是哪位老师领导的，我只知道听从一位同学的指导。

一九三〇年秋，我刚升入初三年级后第一周，我病倒了，体温高达四十一摄氏度，医院检查结论是伤寒症。经过长时间的治疗和休养，痊愈之后，由秋季班转到春季班。一九三二年初毕业后，由于春季高中不招生，又自修了一个学期。因此，我的初中阶段花了四年才完成。

回浦四年给我的影响较大，特别是由于自己当时还年轻，可塑性大，所以某些事情影响了我大半辈子。我当时所敬佩的几位老师，博学多才、勤奋学习，以至于他们的思想言论，一个动作，一句话，至今还给我留下难以磨灭的印象。例如邵西镐老师，一位沉默寡言的教师，他上几何课从来不带木圆规，教到大小两圆相割或相切的时候，他总是先往后退一步，盯住黑板看一眼，然后迅速向黑板跨近一步，用右手肘代圆规，两个圈圈，一大一小正好相切。这种教学基本功的无声教育给我印象很深。此外，他又是一位博览群书的勤奋好学者。记得有一个学期，我被指定在图书馆当助手，每周轮值一个下午。邵老师的寝室在图书馆隔壁，几乎每一次图书馆轮到我值班当助手时，我总看到他送来一批书，又借去一批。当时我还不懂事，但是我注意到，他拿去的书有新有旧，有线装的也有翻译的，包罗万象，令人肃然起敬。现在回忆起来，一九四一年当我刚刚上讲台开始教书的时候我也曾经暗自许下决心，要向邵老师学习。我当时的雄心是：“凡是初中学生需要学习的知识，我都应该会教。”虽然我后来并没有完全做到，可是从思想上根源上来检查，还是邵老师的勤奋好学、言教身传、为人师表的影响使然。

另一位在政治思想上给同学们影响更深，受教育的人数也更多的就是当时化名叫余致立的徐懋庸老师。我除课内十分注意他的讲课之外，个别接触不很多。可是他的《北窗琐记》在《回浦潮》上刊出至今已半个世纪了，至今仍记忆犹新。他教过我们的国文，也教过几何、西洋史，甚至于音乐。他在学生中的威信超过任何一位老师，而他之所以令人敬佩之至，主要是“新”（颖）和“深”（透）。

先说他的“新”。他教《西洋史》时间是在我们学过《世界地理》之后。当时教我们《世界地理》的是位仙居人。他的地理知识很熟稔，但是也常常给我们带来一些难题。例如那些外国地名，他自己念仙居音，还要我们照着他背，实在难记。特别是布宜诺斯艾利斯（阿根廷首都Buenos Aires）这类。可是余老师教西洋史时，凡是人名地名一律用英文原名。

他在黑板上写着的Mesopotamia（美索不达米亚），五十年之后，仍然记忆犹新。学习国文之前，老师也讲过“反切”，也告诉我们怎样运用，我们花了不少功夫，按照“喉、舌、唇、牙、鼻”的规则，但拼来拼去，仍然没有把握。余老师教我们用元音和辅音，几秒钟就解决问题。他不是音乐教师，却在大雪纷飞的某天在大礼堂教我们大合唱。大合唱在当时本身就已很新鲜，而令人印象更深的是，歌词内容是反封建迷信的，他却不用西洋乐器而用佛教庙宇里的木鱼、锣鼓、磬等为乐器，大大开阔了我们的眼界。在生活上他也有特殊的地方，他当时的工资是最高的，他和台湾籍英语教师蔡某某不在食堂里吃饭，却长期在大街上一间饮食店包饭，有点特殊化。

当时听说他在上海大学附中学过打铁，是被开除的。他给我们的印象是一个博学多才，能文能武，干革命的人。

一九三三年他和陆翰文的矛盾公开了，学校解聘了他。他休息了一段时间，就在这段时间里他开始在《自由谈》发表文章，后来到了上海，出版一本《不惊人集》，鲁迅为他写序言。后来又出版了《社会主义讲话》（译自日文）。

陆翰文也一度视我为高足，我曾经叫几名“优生”到他房间里学习，但只是奉命而学。

当时给我影响较深的是一九三〇年创刊的《中学生》。叶圣陶、夏丏尊、刘薰宇、林语堂、丰子恺等先辈，都从各自的专业出发，给中学生课外辅导、指导和引导，对我来说，收获实际上远远超过我在教室里所听到的。还有朱光潜《给青年的十二封信》，让我爱不释手。

当时有一句“吃得苦中苦，方为人上人”，后来我接触一点进步书籍后，开始知道人的环境很复杂。我就地改作：思想要人上人，生活要人中人。但是我并没有实现。

但是回浦中学也带给我一些不良影响。当时，由于我在同班同学中成绩尚好（毕业第三名），三年里三次全校作文比赛中两次第一名，为此，我曾经一度成为陆翰文的得意门生，成为《革命》周报的推销对象。《克罗·泡特金传》《师复文存》之类的无政府主义的著作我都买了，也很认真地看了一遍又一遍，可是我从来没有看懂过一篇；其次，由于我曾经被指派为图书馆管理员的助手，由于工作方便，我几乎看完当时图书馆里的全部文艺小说。但是在当时的历史条件下，由于没有导师，在阅读叶绍钧(圣陶)、蒋光慈作品的同时，也看了不少张资平、叶灵凤之类的三角恋爱小说，还有粉色作家章衣萍的小说。他们的作品在反帝反封建的同时，也给我灌了不少黄色的以至于色情的思想，我当时年纪还轻，却只想找对象，谈情说爱，对我的学习和健康都起过很坏的影响。

曾经有过这么一件事。二年级的时候，温岭来了一个长途电话，说我的家里受到警察搜查，罪状是说我是共产党。我被弄得莫名其妙，还是由陆翰文以学校的名义，替我证明，总算了事。后来听说，唯一的根据是我曾经送给一位同学一张照片，照片上写了地址姓名，而这位同学家里有一位房客被捕。城门失火，殃及池鱼，这位同学家中受到搜查。在当时，国民党党棍看到“红色封面”的书，便怀疑是宣传马克思主义的事是常见的，所以这件事也不足为奇。

三年教会学校的学习生活

一九三二年回浦初中毕业后，由于当时只有秋季招生，我唯一的指导教师便是一本厚厚的《投考指南》。而复习方式也就是把历届几所名牌高中的入学试题与答案拿来背、背、背。暑假期间，由于当时整个台州地区还没有一所高中，温岭、临海都还没有公路，所以，我从浙江省内一个鱼米之乡前去另一个鱼米之乡，却要绕道上海市。这在现在的中学生听起来也是奇谈怪论。

在杭州，回浦中学几位毕业生，通过一位老师住在安定中学（现在杭七中）的一个教室里，席地而睡。报考省立第一中学后，虽然试题也不太难，但是考生人山人海，报名形势，已经让人害怕（有一位同学就报了名却不去考）。我估计自己希望不大。通过一个偶然的机会，知道嘉兴秀州中学在杭州青年会招生，我便毅然报名参加了考试。八月底我到了嘉兴，在项家漾找到了秀州中学。开学以后，发现有两位回浦的同学，柳定中和沈启盛。后来知道这所学校原来是基督教会创办的教会学校，政府教育行政部门接管没几年。学校组织形式、教学计划、课程设置改变了，校长也易人了，宗教气氛减少了，但是“残余影响”仍然还有。例如，礼拜天上午每个学生都要自由选择参加一次演讲会，其中有宗教的。

这个学校的设备相当好，在教学上有一幢三层的科学楼，理、化、生分层实验。生物课每两人一架显微镜，这在当时一般高中是难以做到的。体育课有健身房和热水淋浴，每人每周可以轮到洗一次。

学校在教学上抓得很紧，其中某些措施，现在看来也还是不无可取的。例如“预习制”，几乎每门知识都采用。每门课在布置作业的同时，总要指定新课的预习范围。下一课教师讲解之前，经常先作一次全面的检查（quiz），题目很简单，时间也不超过十分钟，但是速战速决，记分采用六分制：一、最优，四、及格，六、劣等。这样做，在一年级时感到压力很重，升到二年级便习以为常，结业以后，回头来想想，很有好处。

由于这个学校的主要老师基本上是终身制的，所以他们在教学上是一心一意的，在教学内容和教学方法上也是八仙过海，巧妙各不相同。当时的语文课自有特色：

古典选读　补充教材

第一学期　《史记》

第二学期　《左传》

第三学期　《孟子》　文字学

第四学期　《诗经》　修辞学

第五学期　诸子百家　国学常识

也有非宗教的内容，前面提到过的演讲会，实质上是不叫“做礼拜”的礼拜。我们的教学计划是教育部统一的，课程设置也一样，但是我们在必修之外，还有选修课，选修课除商业簿记、中文速记等课程外，还有《基督教与人生》。英语课程的教材也是当时通用的《New China》，但是这个学校抓得特别紧，基本上每课书都有一二段要背的。在日常生活中，听说的机会特别多，而且习以为常，往往知其然，不知其所以然。别人这么说，自己也跟着说。究竟这一句，这个词怎么写怎么拼，也并不是完全搞清楚，反正不影响交流就是。例如，每天早晨在盥洗室碰到同学，我们总是异口同声地说一声“morning”，我们很少在前面加上good，后来当起英语教师来，才注意到为什么。学校每年还有一本年刊，有中文版的也有英文版的，装订很讲究，选上年刊的绝大多数是论文，但也有比较轻松的散文。我自己在二三年级曾分别被选上一篇《春假记游》和一篇《A Story of a Bird》。一九三四年教育厅举办全省高中毕业会考，秀州总成绩居然超过杭州的名牌中学浙江省立第一中学，考了个第一名，舆论哗然。

上海新民中学的一年

一九三五年夏天，我们在秀州中学参加毕业典礼以后，教育厅通知，要在杭州举行全省高级中学毕业“会考”。当时正提倡“国粹”，所以毛笔很吃得开，甚至数学考卷也只准用毛笔，不准用钢笔，以示爱国。考好以后，我自己估计中、英、算成绩还可以，但毛笔字很差，可是想不到，假期里有一天，接到母校一封挂号信，不开犹可，一开信，我几乎失去了知觉。通知告诉我在会考时有三门不及格，应回原校补修，以俟补考，但又没有告诉我补修什么课程。后来同学来信说是“三民主义”、地理和化学。十年窗下，花了多少不眠之夜，却落得如此下场，名落孙山。我痛哭流涕，整整一个星期，几乎没有一天心情愉快过。长期尖锐的思想斗争，使我在此后的几年中，经常脑部疼痛。后来由于怀卿的体贴、安慰和鼓励，我又抬起头来，重振旗鼓。那一年秋天，我转到了上海市江湾新民中学，再读一年高中三年级，由于我是个“老童生”，各科成绩都是名列前茅，一九三六年毕业典礼上，当我在全校师生的众目睽睽之下，上台领取所谓“品学兼优”的奖状时，我情不自禁地在师生掌声中掉下了眼泪。正是“知我者，谓我心忧；不知我者，谓我何求”。

到了上海以后，《大众生活》《新生》《再生》和《世界知识》成为我的爱好读物。邹韬奋等爱国民主“七君子”的受审入狱，给我当头一棒，我开始意识到，没有国家，便没有个人。对于法西斯C.C.头子陈立夫之流，我恨之入骨。我一反往年的守口如瓶的“忠厚人”，公开表示“我要咬他的肉”。然而，我这一点初步的转变，还要感谢当时的同学赵承教的帮助，当时我们同住一个寝室，他是广东人，有一位伯父是海员工人，当时我和他是经常争吵不休的，但是也就在争争吵吵中，我才开始转变我的世界观。

也就在一九三五年九月至一九三六年七月的一年，我这个“老童生”在课堂中经常受到几门主要课程的老师的表扬，可是在课外，我并不像他们猜想的那样，认真读书做练习。我把大量的时间花在课外书籍上。但是我所喜欢的已经不是巴金的作品，更不是林语堂所编的《论语》。我看到了艾思奇的《大众哲学》，爱不释手。福州路的《光明》（一九三六年六月出创刊号）、《中流》成为我案头的必备品。一九三七年上半年，我已是国立上海商学院的一位大学生了。当时有一位初中同学死了，在上海的同学们为他出纪念刊，我交出一篇《忘记他，管自己生活》为题的纪念文章，是我政治上、思想上的一个转折点，是我开始走向人民群众的起点。

当时给我教育最大的是我最敬佩的老师徐懋庸。他当时住在金神父路（现瑞金二路）花园坊。我去拜访他的次数不很多，可是他的一言一行都给我很大的影响。他一生勤奋好学，博览群书，既精法语，又通日语。他的杂文“是打击敌人的武器，是解剖社会的钢刀，是唤起人民进军的战鼓”。他对我的影响不仅在三十年代，甚至一直到五十年代。

上海商学院

上海商学院是一九一七年创建的商业最高学府，当时还是南京高师的商科。一九二一年以后，先后成为东南大学、第四中山大学和中央大学等学校的商学院，一九三二年才成为独立的国立上海商学院。它的校舍曾两次（九一八和八一三）受到日本帝国主义空军的轰炸，最后被彻底摧毁，消失得无影无踪，只好在上海英美公共租界里租了洋楼，寄人篱下地上课。

拿到高中文凭以后，往何处去？是当时全国青年知识分子的问题，也是我个人的问题。我虽然出身于地主家庭，但和当时的城里人毫无关系，要到城里找职业是难上难的。所以摆在我前面的唯一出路是继续读书，但是读什么书，进什么学校，我连应付应付“思考题”的条件都没有。我唯一的靠山是一个字：“碰。”碰到哪里算哪里。所以尽管我浙江会考时化学是不及格的，但是报名浙江大学时，我的志愿是化学系。我不仅考取过河南焦作工学院的采冶系，还一度准备进章太炎及其门生在苏州创办的国学专修学校。我最后选择进上海商学院，也是经过深思熟虑的，我的指导思想是：

第一，妻子怀卿的态度很明朗："焦作工学院在河南，河南路远，毕业后还是在中国的土地为英国人的煤矿卖力，做一个地底下的工程师。"上海商学院前面还有"国立"两字，收费也便宜，将来出路总在城市，生活总好些。她的观点，当时就是我何去何从的指南针。我对她的意见是很尊重的。

第二，我当时有一个愿望是将来能在大机关当个小职员。我分析自己，我是不适宜于在小单位当头头的。我在接到录取通知单以后，也参观过这所当时东南沿海的商业最高学府，学校宫殿式的高楼大厦，堆积如山的洋文洋书吸引了我。

但是，在一九三六年九月踏进这所学院以后的一年里，我逐渐陷入了极度苦闷。此后一年不如一年，每况愈下。第一年我还想放下包袱另谋出路，重考理工科，二年级后就欲罢不能了。

一年级的时候，校外轰轰烈烈的民主救亡运动遍及全国，校内那位姓铁的军训教官却大唱反调，大搞"铁的纪律"。西安事变发生了，那位一本又一本出版《蒋委员长之××》的刘炳麟教授却还在教室里大谈其"全西安都是我们的人……这是不可能的"。

我是工商管理系的。我们的系主任蔡正雅，一位美国留学生，身穿长袍，口含雪茄，大有遗老之风，却兼任工商局职务，高官厚禄，讲起课来照本宣读，半句中文半句英文，但又坚决不印讲义。学完四年的财务会计课程，从会计原理、高等会计、成本会计到审计学，全部英文版，连working paper中文叫什么也不知道。

我们的任课教师，正是形形色色，无奇不有。经济学教授是《经济学大纲》的作者钱兰坪，风度翩翩，是从南京中央政治学校来兼教的。经常讲到他在学术上的对立面：“那个姓马的（指马寅初）……”我们的商业心理和广告学教授是一位曾经担任美国某公司推销员的留学生，教过一年，从来没有听过他一句中国话，派头十足，听说还是一位曾经参加过远东运动会的运动员。日语（第二外语）老师某某，有一位日本老婆，本人的样子也很像日本人。一、二两年日语属必修课程，三年级的日本问题是我们几个同学为了他的生活，凑成一门选修科目的。

一九三七年，八一三事件爆发，抗日战争开始，学校在江湾首当其冲，我留在学校寝室的全部书籍、笔记、日记、文稿，付之一炬。由于沪椒停航，我也跟着沪杭回乡的知识青年投入抗日救亡的宣传活动。我们曾经在黄岩金清港接管了先知小学，几个大学生尽义务教书，作为宣传阵地。一九三八年春，我考取了佐助会计员，干了两个月的社训队会计。

这一年现在还能清楚记得的有几件事：

第一，当时自己确实比较积极地投入抗日救亡宣传工作，为了创建一个群众性阅览室，我把家中所有比较进步、比较新版的图书、画报、杂志等三百余本，全部搬到金清先知小学处，而且铺盖也搬去。当时的行动，在思想上确实有“匈奴未灭，何以为家”，也就是为了这一点，我第一次和妻子吵了一架。

第二，在先知小学期间，由于离张燕家里很近，我经常到他家去，我第一次看到《共产党宣言》，从那以后，我们的关系更深，他在思想上给我很多的帮助。

第三，我考取县佐助会计员后，刚开始工作，接到母校通知，上海商学院迁愚园路复课，我决定辞职继续读书，当时在县政府担任法医工作的韩先绥找到我谈到深夜，他劝我放弃复学，留在县里搞救亡工作。我比较敬佩他，但是在这个问题上，我没有接受他的劝导。

一九三八年八月，我回到学校。一开始，我还想把个人兴趣爱好和饭碗统一起来，在上海找一个大单位当一名小职员。当时还是年轻人，还不知道世事艰难，即穿衣吃饭亦非容易。汪精卫在年底途经河内发表投敌叛国的通电后，国民党五届五中全会又把矛头指向共产党。当时虽然不知道什么《限制异党活动办法》，但是在上海这个“冒险家的乐园”里，学校租用愚园路四十号，愚园路七十六号就是著名的特务巢穴。我自己的集体宿舍在海格路，与蒋、汪、日“三不管”的特区相距咫尺，真正是无奇不有。同学们思想情况很复杂，政治态度的特点之一是忘记了自己是中国大学生。当时有一本文艺杂志连载了各大学现状之类的报道，我写了一篇上海商学院素描之类，虽然化名，也遭到一些责难。也就在那一段时间，怀卿从乡间来信告诉我，母亲又一次去五婶家借米，却怕在媳妇面前丢脸，打肿脸皮还充胖子的家庭内幕。我决定改变方针，从一九三九年下半年开始提前选修了四年级的一些课程。所以到了四年级，我只剩每周三节课的保险学。我当时既当学生，又兼先生，我的教学内容是现贩现卖的，有时甚至上午刚听来，下午便在讲台上传给学生听。由于我是经过筛选的，所以学生听起来也还满意。就这样，我在三所商业中专兼了两到三个学期的课，即：（一）新寰职业中学商科的工商管理；（二）江西职业中学商科的高级商业簿记；（三）大中中学商科的经济学。我的目的很明确，上一节课可以拿到一元钱报酬，不无小补。

我的毕业论文，说得正确点，应该是“我们”的毕业论文，是集体翻译一本Legle&Roman的《保险之原理及其实务》，是和同班同系的孙国均、郭宏生、孙成熙、陈振柔五人分工合作翻译的。原书只有百余页，是二十年代的巨著。我们合译的目的不是想做贡献，也没有企图出版的野心，只是因为我们几个人都还有一点阅读外文的“老本”，而且翻译专业书籍，可繁可简，能完成任务就是了。因此它的质量可想而知。那一年正是一九四一年初，当时日军还未进租界，但整个上海市已成为孤岛，愚园路七十六号已成为众所周知的特务门牌。然而，也就在这里，有一家小书店，经常有卖《读书生活》。

一九四一年七月，我步行八百里回家，结束了我的学生时代。

注：

[1] 民国十七年一月，横峰宗文高等小学校改办为温岭县西北区区立宗文初级中学，同年五月十一日，改名为温岭县立宗文初级中学。

[2] 此处可能有误，刘蕴文未参加过长征。

难以丢弃的记忆碎片

胡理璋

编者按：本文由中国美术学院教师王犁提供。作者胡理璋，一九四三年出生，温州人。原杭州橡胶厂技术员。“文革”期间，于一九六八年参加工宣队进驻浙江美术学院，历经南山路校区“斗批改”，嵊县三界“战备转移”和桐庐分水“教学改革试点”等“文革”重要时段，至一九七一年初返厂。一九七二年调回温州工作。

在“文革”中当过工宣队员的经历，许多人往往会非常忌讳提起，因为工宣队如同“文革”一样已经被打上了灰色乃至黑色的历史印记。可是对于我来说，三年工宣队的经历却时常在脑海中浮现，一些人和事很令人怀念，我不忌讳与人谈及这段经历。

一九六八年，“文化大革命”已经进行了整三年，被派性斗争甚至武斗搞得乌烟瘴气的大学校园连最起码的教学和生活秩序都无法维持。于是，无产阶级司令部的决策者想到了“领导一切”的工人阶级是“制服”

无法无天红卫兵小将的有生力量，这便是向大专院校派驻毛泽东思想工人宣传队的时代背景。可是工宣队毕竟只是杂牌军，忠诚度和能力都让人不放心，谁又能“镇”得住工宣队呢？只有无产阶级的“尊神”解放军。所以，军宣队和工宣队就成了进驻大专院校的两支一嫡一庶的政治工作队。

我当时年仅二十六岁，是杭州橡胶厂的一名小技术员。由于技术科在“文革”中被砸烂，我的技术员身份名存实亡，以工人名义参加工宣队也算名正言顺。杭橡工宣队进驻的学校是当时在浙江省名声最响的浙江美术学院。浙江美院在“文革”中出名，不是因为有了许多出类拔萃的美术家，而是因为浙江省最有实力的造反派组织“省联总”的头头、省革委会副主任张永生是该校版画系的学生。浙江美院是个卧虎藏龙之地，所以工宣队在进驻之前就被告知要处处谨慎行事。

一九六九至一九七一年，我在美院待了整整三年。对于美术我是百分百的外行，也许因为在工宣队里我的文化层次稍高也粗通文墨，所以被指定分管美院的教改和创作。正是有了这样的安排，我有幸结识了美院大部分教师，体会到了他们在政治风暴中的煎熬和在诸多禁忌中进行教学和创作的艰辛和无奈。他们的学识、涵养让我看到了自己的无知和浅薄，在与他们的交往中自然也就没有了“领导者”的霸气和自以为是，而是多了一层学习的意味。现在回想起来，我在美院三年就好比是进修了三年，培养了“审美情趣”，长了不少知识，以致在离开美院几十年后的今天，我还依然对美术作品以及美术界的人和事兴趣浓浓。

去年八月，我们一家子去北京旅游，到中国美术馆看了“人民美术出版社60周年画展”和国家博物馆“纪念建党90周年画展”。画展中展出的美院教师肖峰、全山石、吴山明、陈达青等人的画作，勾起了我对与他们在一起日子的回忆，情不自已用键盘敲下了如下的片段记忆。

画坛精英们的劫难

值得庆幸的是，我们进驻美院时已经过了揪斗“走资派”和“反动学术权威”的高峰期，所以不需要直接面对面地去揪斗他们了。但是，看到校园内残存的大字报和新出的大批判专栏，你就可以想象得到，“走资派”和“反动学术权威”们的心灵还在继续遭受践踏，过着没有尊严的苦日子。

记得刚到美院没几天的一个下午，听说大礼堂正在开批斗会，我想，工宣队初来乍到并没有组织什么批斗会，那会是谁组织的，批斗对象又是谁呢？出于好奇我就进去看个究竟，原来挨批的是中国美术界泰斗级人物颜文樑。只见主席台上站着一位耄耋老人，双手扶着一副画架作拐杖，颤颤巍巍衰弱得好像随时都会倒下似的。他眼睛环顾四周，一脸的茫然。我估计会场上此起彼伏的口号声他是一点也听不进去的，更不要说声嘶力竭的大批判发言了。颜文梁先生一直定居上海，美院好像也不是他的工作单位，到底是谁把他从上海拉回来批斗的，至今我也没有弄明白。

浙江美院有许多国内赫赫有名的人物，那时每天早上上班时，都可以看到他们排着长长的队伍低着头在校门口毛泽东像前鞠躬请罪。然后拿着扫帚、割刀或是拖把之类的工具去劳动。他们中间有潘天寿、黎冰鸿、莫朴、邓白、王德威、戴英浪、金冶、陈龙、高培明等。我们在的三年里虽然没有对他们开过面对面的批斗会，但是大批判专栏的矛头始终对着他们不放松。这些批判文章现在看来除了谩骂还是谩骂，没有一点学术性和合理性可言。例如潘天寿画的秃鹫，被说成是特务心理的写照。潘天寿访问日本，当飞机过台湾海峡上空时写了一首诗《过台湾》，表达对台湾同胞的思念，又被说成“身在曹营心在汉”。这样的无限上纲在当时是非常司空见惯的。有一次也是唯一的一次，我在与他闲聊时，他就很无奈地说自己其实并不热心于政治。这么一位出类拔萃的艺术家，终于没能躲过“文革”浩劫，大约于一九七一年在疾病和心灵折磨中去世了。

和国画大师潘天寿一起蹲牛棚的人在遭难，即使没有蹲牛棚的许多老师的日子也并不好过。他们或整天无所事事，或违心地写一点批判文章，或被差使着干一些抄抄写写的杂事。我就看见过陆抑非先生抄写的一手漂亮的大批判文字；也看到过吴茀之先生为纪念某一节日用水粉颜料画的非常喜气的花卉图；也曾很多次请王伯敏先生抄写过大批判文章；版画家张怀江和殷光宇则整天伏案刻写蜡纸。看得出来，他们并不情愿干这种事，但是一旦干了，他们只需稍稍露一手，其才华也就足以令人钦佩不已。

除了画坛精英潘天寿们在受难外，更令人痛心的是一些年轻学子也没能逃过劫难。我记得在我们来之前，就有国画系学生郭志光、附中学生张所照被隔离审查。我曾参加过对他们的小组批斗会，也在会上发过言。虽然我已记不清说了什么，但在当时的形势下，我的发言必定带有极“左”的意味，说了上纲上线的话，对他们造成了伤害，如果有机会我真想对他们说声对不起。郭志光好像是应届毕业生，不知是否准予毕业，是否分配了工作？张所照还只是个中专生，遭此磨难也不知能否挺过来?我离开美院后还听说，水印工场青年工人陈品超也因为被人举报有攻击江青的言论而被隔离审查。这些人的命运真的让我非常牵挂。

送肖峰上海就医

我到美院的时候，并没有看到肖峰同志，只知道他是留苏归来的画家，担任油画系总支书记。“文革”初期遭激进学生毒打，鞋钉戳伤头部，伤势很重，一直在家养病，他的夫人宋韧女士不时来工宣队通报他的治疗情况。大约是在一九六九年夏天，宋女士向我们反映，肖峰的病情出现了恶化迹象，必须紧急送医。她已通过朋友联系好了上海的医院，准备送那里就医，希望工宣队能派员随同前往，以便与上海医院工宣队交涉取得支持。工、军宣队头头都不是激进分子，对他们的处境也十分同情，只是考虑到如果明里派员送“走资派”去上海就医，可能遭到造反派的抵制和反对，陷自己于被动，上海就医也会受阻，一时拿不定主意。正在此时，我得知杭州橡胶厂正准备派几名技术员出差上海，就向厂里提出要求增加一个名额，让我暗地里陪同肖峰去上海就医。橡胶厂也很支持，这样我就与宋韧女士加上她的一位医师朋友三人一起送肖峰到上海就医。肖峰当时躺在担架上，神智不很清，我们没有作过交谈。到了上海仁济医院，我以美院工宣队名义找了医院工宣队，介绍了肖峰的相关情况，希望给予积极治疗。在安顿好了肖峰之后第二天我就回杭州了。这一趟去上海的差旅费，都由橡胶厂给予报销，一切都在静悄悄中进行，美院大部分师生并不知情。后来听说经过上海的治疗，肖峰的病情有了明显好转。这是工宣队做的一件善事，大家心里十分高兴。自此以后直至离开美院，我就一直没有再与肖峰见过面。一九七七年，我出差上海，听说肖峰在上海画院当书记，我还特地去岳阳路上海画院拜访过他们夫妇。没过几天，我又受他们夫妇邀请去画院听了作家贺兴桐介绍贺龙元帅“文革”遭难的报告。临别时，夫妇俩送了一幅他们合作的油画（印刷品）给我作纪念，可惜我在搬家时给弄丢了。后来听说肖峰回到美院担任院长，我虽然每年都要去杭州几趟，但碍于地位的悬殊，也怕干扰他的工作，就没有再去拜访过他。近几年，互联网和钱江晚报不时有肖峰夫妇出席各种活动的报道，我都会花时间细细地看，也会默默地为他们祝福。

创作连环画《红灯记》

“文革”中百花凋零，美术领域也不例外。但作为一种宣传效果最直观传播范围相对较广的艺术门类，当权者还会时不时利用其作为宣传工具。所以，美院在文革中受命创作的任务还是不少的。当然，对于画家，长期不动笔也会难受得手痒痒，所以，一旦有了创作任务他们就会全身心地投入。

当时在美院负有常年创作职能的机构只有工农兵画报社。画报社编辑部设在美院附中教学楼一楼。条件很简陋，人员也不多，我记得主要编创人员有梁平波、俞建华等。他们几乎天天伏案工作，总是能按期出版发行。与其他杂志不一样的是，《工农兵画报》的一大特色就是所有文字不是铅字印刷，而是俞建华一笔一划给写出来的，非常工整、规范、漂亮。《工农兵画报》是当时为数不多的很受欢迎的艺术类杂志之一。

梁、俞二人虽然处事十分低调，但画报社却是当时美院最闹猛的地方，在他们周围总是活跃着一群年轻画家，画报社可以说是当时美院的一块绿洲，许多画作就在这里诞生。

在“文革”中很受群众欢迎的《毛主席万岁组画》，是油画系学生的集体创作，为主的潘鸿海、顾盼等人就是画报社的常客。反映毛泽东视察大江南北的油画《人间正道是沧桑》，在我们来之前已经创作完成，作者是油画系师生郑胜天、徐君萱、周瑞文，他们也都是通过画报社筹划出版事宜。这幅画非常受欢迎，大家都以为画作必定会引起巨大反响，殊不知却并不被“无产阶级司令部”文艺官员看好，遭到了冷遇，与被捧为样板画作的《毛主席去安源》形成了强烈反差。

与此同时，雕塑系师生创作了《红色娘子军》的雕塑作品，为主的是高照先生。记得当时还有人提议，是不是应该让雕塑着上颜色，这样看起来会更生动。这种纯外行的话当然就被艺术家们否定了，雕塑在涌金公园展出时仍然是白色石膏作品。而浙江展览馆毛泽东全身塑像也是在这一时期创作完成的，主创人员好像有陈长庚、潘锡柔、仲兆鼐等人。

由著名画家李震坚、周昌谷为主的创作组则负责创作组画《沙家浜》。说是创作，在当时的形势下只不过是照着剧照画成国画作品而已，有许多条条框框不可随意突破，所以画家谈不上什么创作热情，组画《沙家浜》最终好像并未完成。

另一位著名画家方增先，虽然胃病时有发作，却仍在顽强地默默进行将国画表现形式运用于油画创作的尝试。

国画系张品超老师的连环画《地道战》也在这一时期创作完成。

而工艺美术系学生骆恒光手书的《毛主席诗词行书字帖》出版发行，给人们带来了惊喜，一个学工艺美术的学生竟然可以出行书字帖，让人不得不佩服美院学生的多才多艺。

在系列创作活动中，给我留下最深印象的莫过于顾生岳先生创作的连环画《红灯记》。顾先生温文尔雅，做事极其认真。酷夏时节，只穿一件背心，挥汗如雨，或拷贝或勾勒，一张张画稿从他的手指间流出，其间的艰辛劳累我至今还历历在目。我当时负责连环画《红灯记》创作，说是负责，其实充其量也不过是个组织者和后勤人员。对于画画我是门外汉，没有任何发言权，只偶尔给负责脚本编写的王心琪老师提提建议而已。

为了连环画创作，我们还被批准去上海观看现代芭蕾舞剧《白毛女》和在杭州观看浙江京剧团的现代京剧《红灯记》，在当时这可是非常难得的机会。带队的是版画家马鹏，他当时是美院革委会成员，分管创作。看演出时我可说是优哉游哉非常轻松自在，可顾老师却一点儿也不轻松，整个观戏过程他都在不停地画速写，我是第一次看到他的这门高超技艺，大开了眼界。

顾老师的工笔人物画功底屈指可数，所以画稿完成后普遍受到好评，但在送审时却并没如我们所期望。记得顾老师为了突出李玉和对“百花吐艳，新中国如朝阳光照人间”革命前途的憧憬，特意打破剧照框框，画了一幅李玉和在狱中的头部特写，我们都觉得很美，可是送审时却被王曼恬[1]给否定了。连环画《红灯记》最初于一九七〇年十月在《浙江日报》发表，发表前夜我还到报馆对脚本作了文字修饰，这也可算作我的一次直接参与吧。

王曼恬视察美院

王曼恬考察美院大概在一九七〇年上半年。王在当时是美术口的最高领导，她的身份又很特殊，所以，她的考察无疑是美院“文革”史上的一件大事。

考察第一天，在陈列馆贵宾室召开了师生座谈会，我不请自来，也混在师生中与会了。会议一开始，她就开宗明义说明了此次考察的主要目的，是受江青委派落实在浙江进行美术革命试点，如同当年在北京、上海进行京剧改革试点那样。她还就美院的教改和创作等问题作了指示，提出了招收工农兵学员进行教改试点的意见，具体细节已记不清了，只记得会上有教师提出了人体模特的问题，她回复说江青的意见是可以画上半身。

第二天，去浙江展览馆看迎八一（？）画作预展，省革委会主任南萍作陪，美院则派出了青年教师高锦德等人负责讲解。高锦德是油画系教师，熟悉业务，他的讲解深得王曼恬赞许，留下了非常好的印象，这是他后来受提拔重用的直接起因。看画时有一个情节给我印象颇深，有一幅油画描绘毛泽东与林彪在井冈山会师，这种违背史实的作品在当时并不鲜见，原以为王曼恬会对此作一番评论，谁知她却打着哈哈就过去了。

通过看画展挖掘样板画作是王曼恬的另一个目的。在杭州她发现了美院短训班某学员创作的组画《女焊工》，给了很高评价，后来又在上海发现了另一工人画作。其实这样的画作很难称得上优秀，题材平平，画技也谈不上高超，有的还可能是指导老师花大力气改出来的。过度地拔高学员作品完全是出于政治需要，这样做既是对有真才实学的画家们的蔑视，也不利于学员的自身成长。

王曼恬此行的另一收获也许是发现了高锦德。高锦德作为油画系青年教师，给我的印象还是不错的，他不是“文革”闯将，为人也很谦和。就是因为给王曼恬讲解画作，参加教师座谈会，又奉召去上海陪同考察，就渐渐进入王曼恬的视线，不久就被王曼恬指名调往北京担任中国美术馆馆长，成了美术界的新领导人。粉碎“四人帮”后他的处境肯定不会好，美术界负责人想必是当不了了，一九七四年批黑画估计也脱不了干系，对他的清算不知达到什么程度，但愿他能从低谷中重新站立起来，回归画家的本位上。高锦德的官场沉浮，让我感悟到一点，艺术家只有在政治上不随波逐流，才能成为一位正直而有作为的艺术家。

作为工宣队员，王曼恬此次考察活动给我的另一感受是，工宣队只是当权者手中的一个政治玩偶，不受重视也不被尊重。她的考察活动安排自始至终只通知军宣队不通知工宣队，甚至还故意避开工宣队召开座谈会。“九一三”前夕，杭州市委宣传部在仁和路中苏友谊馆召开宣传工作会议，宣传部负责人在会上传达了王曼恬在美院教师座谈会上的讲话（座谈会估计是在她下榻的杭州饭店开的，工宣队完全不知情），王在座谈中对军宣队发问，你们能不能镇得住工宣队，言谈中毫不掩饰对工宣队的不信任。我当时就在会场上，听了传达，一种被愚弄被欺骗的感觉油然而生，这也是我后来要求离开工宣队的原因之一。

在桐庐的教改试点

根据王曼恬的指示，一九七〇年下半年美院在省内招收了八十名工农兵学员，组成教学连进行教改试点。为了体现接近生活接近工农兵的办学理念，放着杭州南山路宽敞的校舍不用，却在桐庐分水镇借用了山坡上一所中学的校舍，第二年还在桐庐县阳普大队征了几十亩地盖建新校舍。

教学连设有绘画、雕塑和工艺美术三个专业，学制一年半。

说是大学，其实按当时学员的文化和艺术修养，一些人充其量也够不上中专的水平。学员的文化程度普遍不高，绘画基础也是参差不齐，高一点的原来在基层搞过宣传，能画一些简单的素描和色彩，低一点的连最起码的绘画基础都不具备。不过他们都来自基层，做过工种过田，有着劳动者的质朴和纯真，也十分珍惜难得的学习机会，学习都很认真，大多进步明显。毕业后有的成了画家，有的当了美术教师，例如毕业留校的胡高孝、后来执教于温州大学的陈钦权等业务上进步都很快。

与低水平的学生形成鲜明对照的是，教学连的教师可都是国内屈指可数的著名画家。先后在教学连任过教的老师有顾生岳、吴山明、宋忠元、赵宗藻、陈达青、金一德、高照、俞启慧、潘长臻、陈聿强、殷光宇……尽管教学条件很差，学生的水平较低，但是教师们的教学热情仍然十分高涨，上课、编教材、改作业一点也不马虎。

顾生岳老师是教师中最年长的一位，他教学认真严谨，对学员循循善诱。我记得教学连第一堂课就是由他主讲《连环画》。他结合《红灯记》的创作实践，深入浅出地讲解连环画创作的意义、创作步骤、创作手法、勾勒技巧，当然“三突出”的创作原则也是必须重点讲的内容。课后我还为《教学连通讯》写了报道稿，也无非是讲课如何如何突出政治，如何如何贯彻文艺创作“三突出”原则，云云。

吴山明老师风流倜傥，谈吐儒雅，对人热情友善。他的年龄比学员大不了多少，很容易与他们打成一片。他的笔墨功夫相当了得，在教学连由于只是基础教学，没有机会表现，也不被学员们了解。可是，他的速写瞬间就能抓住人物特征，让大家充分领略了他出众的写实功底，深受学员们的追捧。

素描课由金一德、陈达青老师主讲。面对基础十分薄弱的学生，又不能从最基本的几何体素描讲起，而是直接进行英雄人物石膏头像（如吴清华、李玉和等）和工农兵模特写生素描教学，所谓带着强烈的阶级感情学习和创作。其实，基础没打好，即使再有强烈的阶级感情也不可能表达出来。这种形而上学的教学安排不会有好效果，其实大家心知肚明，可谁又能抵制和反对呢？老师们只得一遍遍耐心地讲解，一次次手把手地指导，真的难为了他们。给我印象最深的是陈达青老师，他身体很不好，患有肝病，脸色蜡黄，自己带着药罐，每天下课后煎药熬汤，一直坚持在教学第一线。他不仅对学员总是循循善诱，对我这个与学员年龄相仿的工宣队员，也尽了一份老师的义务。我那时看到学员们画素描，也会挡不住诱惑，偶尔也会不顾身份，拿起铅笔跟着学员一起学素描。陈老师看到了总是非常友善地对我笑笑，像对待其他学员那样非常耐心地给我讲解帮我修改。令人痛惜的是，他没能等到文艺的春天，在粉碎“四人帮”后的第二年，就英年早逝了。

缺乏教材是教改试点遇到的一大难题。原有的高等院校美术教材由于充斥“封资修”内容而被禁止使用。再说，即使允许使用也难以适应工农兵学员的实际水平。所以，编写一套深入浅出的新教材就成了教学连的重要课题。

编写新教材工作，教学连的老师几乎都参与其中。我记得五本教材的主要编写老师有：《连环画》顾生岳;《素描》金一德、陈达青；《速写》吴山明；《绘画人体解剖》高照；《绘画透视》殷光宇。编写教材是一件费脑、费力、费时的工作，特别在七十年代初期，又是在桐庐分水这样一个闭塞的小地方，条件十分简陋，老师们的艰辛可想而知。那时没有复印机，所有的图片资料除了少数采用照片外，为了节约开支绝大部分是通过手工拷贝在描图纸上，然后再用晒图机给晒出来。版画系陈聿强老师就担负着大部分的拷贝任务。我那时因为经常接触负责照片放大的老师，悄悄学会了照片放大和暗房冲洗技术，所以，也直接参与了照片放大和晒图工作。每天与老师们打成一片，虽然辛苦但心情十分愉快，感到特别充实。

五本教材最终版本都是晒图蓝本，虽然简陋不堪却也及时应了教学所需。

用现在的观点来看，美院当时创办教学连完全是出于政治需要或是受命于王曼恬的指令。不仅教学理念完全服从于政治需要，而且教学安排也违背循序渐进全面发展的基本要求。例如，课程设置除了绘画和政治课，语文和艺术修养（理论）课都没有做出安排。一个学艺术的，不会写文章，连最起码的文学、历史和艺术理论知识都知之甚少，即使画得再好也不过是一个画匠而已，不可能具备艺术创造力。所以，教学连的教改试点仅仅是“文革”运动中的小插曲，对现代美术教育没有大的正面借鉴价值。

通过近三年时间与老师们的近距离接触，我对知识分子的认识可说是有了质的改变。长期以来都说知识分子清高、娇骄二气、自命不凡、与劳动人民格格不入，可是美院老师给我的印象却并非如此。记得那年在桐庐梅蓉大队参加三夏劳动，我和老师们吃住在农民家中，睡的是稻草地铺，吃的也不好，每天天不亮就起床干活，下午休息几小时后，从傍晚开始趁着凉快又再干上几小时。我虽年轻时在工厂里也干过重体力活，但酷暑下的强体力劳动也累得有些吃不消。而老师们普遍年龄比我大，身体也较弱，却没有一个人叫苦、偷懒或逃工，感觉不到半点的骄娇二气。他们与农民的相处也十分融洽，三夏结束后分别那一天，农户们不约而同前来送行，他们拿着煮熟的板栗、鸡蛋硬往老师的兜里塞。看到那种依依惜别的情境，谁还会说知识分子清高、自命不凡、与劳动人民格格不入呢？

……

教改和创作是我在美院接触最多的分管之事，所以记忆相对清晰一些。而教改和创作之外的一些事我也曾参与过，但记忆较模糊。例如，一九七〇年夏天在葛岭警卫森严的小别墅举行的校革委会扩大会议。我仅记得那是原省委宣传部长陈三的住地，因为张永生平时常住他家，所以被召去那里开会。参加会议的有军、工宣队代表、校革委会全体成员和学生代表。主要议题是化解校内群众组织内部矛盾加强团结，至于具体是什么问题确实记不清了。会后由我执笔写了会议纪要，但在交给张永生看了之后就没了下文，最后不了了之。

为了给留校的毕业生找一处接受再教育的地方，我还与工宣队的另一位同事（橡胶厂原党委书记、老红军漆桂同志，他当时刚刚获得“解放”，到工宣队锻炼来了）去了绍兴红山公社上旺大队和德清县雷甸公社雷甸大队。这两个大队都是当时学大寨先进单位，对我们的要求十分支持，很爽快地同意了。只是后来这些留校毕业生是否去了那里接受再教育我就不清楚了，因为他们分配工作时我已回橡胶厂，次年又调回温州老家了。这几位毕业生如李伟民、王方雄等，与我年龄相仿，彼此接触较多，相处得十分融洽。所以，对他们的命运我一直比较关注。近年来通过网络查询，发现他们境况都不错，有的还取得相当成就，深感欣慰。

……

美院三年给我留下的许多回忆虽然渐渐模糊，有的记忆碎片已无法复原，但那些曾经与我朝夕相处的老师、同学，还有军宣队的马兆华、胡长银、羊邦干、吴均文和工宣队的同事们可亲可敬的身影在我的脑际还是那样清晰，他们才是值得我永远记忆和怀念的。

二〇一二年春天

注：

[1] 王曼恬（一九一三—一九七七），毛泽东表侄女，王海容的姑妈。“文革”中曾担任国务院文化组负责人，是当时美术口实权人物。后任天津市委书记，一九七七年被隔离审查期间自杀身亡。

我的前半生

陈嘉熙

一

民国十七年（一九二八）十一月，我出生在浙南瓯江北岸乐清县慎江乡上屋村。祖上世代务农。清朝末民国初，祖父、父亲，还有一个哑叔，都是种田的好手，家里生活也“阔”过一阵。后来祖父和哑叔去世了，加上军阀混战、抗日烽烟，国民政府强拉壮丁和苛捐杂税，才几年时光，家道中落，有时要靠卖田来维持家计。记得有一年春耕做秧田，家里没有耕牛，就是白发苍苍的父亲和十多岁的我在田里拖拉犁耙。

父亲是个忠厚老实、乐善好施的地道农民。有一年冬天，我们父子三个种上了三亩青稞麦。到收割时有人来偷割麦穗头，可能是这人的耕牛吃我家的苜蓿草被赶走来报复，也可能是他家春荒接不上口粮。父亲发现后，不去追赶，反叫那人慢慢走，不要跑，以免跌倒。这种逆来顺受的懦弱性格，使他一生饱受欺凌，但也得到村人广泛的同情。

他的性格影响了我们一家。有一天，村里小顽皮志通、志三看我老实不与人打架，以为我软弱易欺，拦住我角力。我自幼劳动有力气，他俩都输了，就把自己衣服撕破，到我母亲面前告我，说我打他们，撕破他们的衣服。母亲也不问青红皂白，就把我打了一顿，气得我那晚不上床睡觉，在地板上躺了一宿。

现在的孩子真幸福，有那么多的新式的五花八门的玩具，但都是花大钱买的。我小的时候的玩具是花蚶壳、柿籽，都是捡来的，不花钱的，较高级的是铜元，我们叫铜板，大小像现在的一元硬币，我们用来比滚远，猜字面。铜元来自大人给的压岁钱、零食钱。那时候三个铜元可以买一个甜烧饼，十二个铜元可以买一个天子牌皮球。后来铜元不用了，我就把它收藏起来，各式各样，没有一个重样的。可惜在我家搬到乐成镇时，被一村干部拿走了。

我还收藏了我小学劳作课上做的一个响螺，一块小圆木板周边上镶着两个银杏壳，板中间穿两根线，扯起来发出声音就像飞机来了拉警报一样。我还收藏了许多在沙滩上溪坑里拾来的鹅卵石，光亮溜滑，小巧可爱。

二

我的小学时代是在抗日战争中度过的，抗日战争在我幼小的心灵里种下了爱国革命的根子。我们村里没学校，我的堂叔是我们族里的读书人，他与我住“共共屋”，在家里办了个私塾。一九三六年我入他的私塾读书。他很严厉，动不动就拿戒尺、石砚台打学生手心。侥幸的是我只有一次背书有碍被打。私塾没有算术课，父亲每天晚上教我打算盘百子加减法。读了两年，我打算转学。这时，抗日战争的烽火蔓延到我们乡。

一九三八年，抗日青年服务团来七里村龙船坦宣传演出，我去看了，很受感动，从此学唱《松花江上》，天天“九一八”“九一八”地不绝于口。暑假里，项浦埭村易强等知识青年办起了暑假小学，课本实用性强，又有趣味，我去读了，才学起了算术。

堂叔的儿子，我的堂兄陈适，才是个真正的读书人。他比我大二十岁。他说我二姐出嫁时，我还未出生，是他代我们当大舅郎，穿长衫、戴学士帽、坐头位，很神气。他上过大学，家里有很多书，身体不好，不爱说话，高兴时也给我讲讲故事。“国家兴亡，匹夫有责”这句话就是从他那里听来的。

我的姐夫黄芳也是读书人，他是个藏书家，家里有《小说月报》等新书，也有古典单方、验方等医书，还有《邱良茂针灸讲义》，对我的学针灸是个启蒙。

我爱读书，成绩也不差，又有几个读书人的支持，初小毕业后，父亲让我去考柳市高等小学。一九四二年春，我改名陈广，考上了柳小，住校读书，走出了上屋小村，投入了新的天地。两年高小生活，对我的生活道路起了奠基作用。

柳市小学是当时柳市区唯一的高等小学，考上它就好像中了秀才一样高兴。学校设备好，教师年轻学问新，同学活泼有才气，学校里抗日爱国气氛很浓。对我来说最要紧的是在柳小结交了一批生死不渝的少年朋友。这些朋友有与我同班的七里村的包福年，黄七甲村的朱清坚，地团村的叶文超，有比我高一年级的七里村的郑朝梓、郑奇镛；还有西岸的陈嘉治，上屋的陈利民，本是同村，但好像到了柳小才认识似的。同班的包福年人老实，爱看小说，读书不花力气，作文好；叶文超读书用功，一手颜体毛笔字，作文好；朱清坚人老实，读书用功，一手柳体毛笔字。他们是我们班上的佼佼者，我佩服。所有这些朋友的共同点是恨日本鬼子，恨国民政府军队抗日无能，害民有术。大家都想当抗日英雄，救民义侠。

我们小小年纪，都亲历目睹日本侵略军的残暴，亡国的耻辱。从一九三九年开始，我们就不能太太平平地上学了。日本军舰来到瓯江口，先是打探照灯，沿江有钱人家为防海盗抢劫修的碉堡（炮台）被发现了，就炮轰飞机炸。开始时，驻扎在垟田的国军炮兵予以还击，炮来炮还，飞机来机枪挡，日本鬼还不敢怎样张狂，老百姓虽然常常要逃难，大都是早出晚归躲避一下。后来军队调了防，日舰打来炮，新调来的炮兵回了一炮就跑了。日军的小汽艇潮涨时就闯入瓯江，上岸抢掠，强奸妇女，在饭锅里拉屎，无恶不作。我们都很盼望义勇军、大刀队来，把敢来侵犯的日本鬼子杀、杀、杀！

柳小毕业后，一九四四年春，我、包福年、叶文超都考上了省立温州中学。考生很多，二十七人才录取一名，真不容易，就好像中了举。父亲卖了三亩田让我上温中。温中学生要有童子军服装，城里人做卡其布的，包福年做便宜的斜纹布的，我就做不起了。也就在这年上半年，抽壮丁把哥哥抓去了，父亲又卖田交壮丁钱把他赎回来，家里更没法供我上中学了。九月，温州第三次沦陷，黄华、七里、磐石都成了日军据点，包福年家住屋被日本兵占了，一家人借住在亲邻家。

三

日军占领期间，凶神恶煞的日本大兵，头戴钢盔，足蹬军皮鞋，横端步枪、刺刀闪着凶光，随意打杀中国人，一次竟无故殴打我年迈老父。挖河派工把我抓了去关在他们的马栏里。但中国人是不会屈服的，时时传来游击队巧杀日本鬼子的消息。后来听说这支游击队叫“三五支队”，是共产党领导的，大家都叫它“三五”。我们盼望“三五支队”来，我们希望自己也能当“三五”。

一九四五年六月，里隆的日本兵放火焚烧了仓库，撤退了。驻温州的驻乐清的日本鬼子都退了。来了美式装备的“忠义救国军”，不是“三五支队”。

温中搬回温州了，包福年去复学，我读不起，改考乐清师范，师范不要学费还有饭吃，我的家庭情况只能上这类学校。我也想当个小学教员总比种田好。我在堂叔的私塾里代过课，觉得教孩子读书很有兴味。但只读了一年又失学了。

一九四六年，我十八岁了，土话说“十八岁的儿子饿死怨不得爹娘”。十八岁也到壮丁年龄，我不能再闲在家里。国民政府忙于“劫收”、打内战，哪里顾得了老百姓的生活，学生“毕业就是失业”，像我这样，更无法找工作。下半年，一位邻居介绍我到邻近的金光岙村小学教书。这小学只有一个班，却有四个年级，要复式教学；而且教师只供饭吃，没有工资，所以没人愿意干。我还是去了，比在家里闲着总好一些。我把在乐清师范学到的教学知识，认认真真地实践起来。

金光岙是共产党员黄义桃同志的家乡，他当时担任柳市区特派员，他的儿子黄松林就是我教的班里的一个学生。

失学在家这段时间，我与堂兄陈适接触较多，借他的藏书看，代他父亲教私塾，参加江苏无锡的一个针灸函授班学习，把草鞋叠成好多层用针扎，锻炼指力。包福年年初患了骨髓炎，几乎不起，下半年稍能行动，常来我家，有时郑朝梓、叶文超同来，我们的话题已从看小说转向国内政治。昆明惨案，美军强奸女大学生沈崇，使我们热血沸腾，认为国民政府太没志气，要找共产党。

四

一九四七年刚过了“七月七”（公历八月二十二日）的一个傍晚，我弟弟嘉利领进了两个人，是黄义桃同志和当时地工人员郑集华同志。他们给我分析了当时的内战形势，阐明了共产党的宗旨和政策、青年人的责任和前途，动员我参加中国共产党，加入革命队伍。我早已向往“三五支队”，找他们都没处找，现在他们上门来找我，引我走光明的道路，为崇高的共产主义理想而奋斗，我毫不犹豫，毅然填表，申请参加中国共产党，不到一个月，就得到批准；还准备送我到县委青训班去学习。从此，我把生命交给了党的事业。

黄义桃同志后来又来过两次，介绍了同村的陈少石入党。后来他调动工作，没再来。中秋节，我约了他的侄子——马道头的谢文光到西岑去找他，也没联系上。以后与我联系的是郑集华同志，一段时间他没来，陈少石又出去谋生了。我不知道该怎样开展工作，很是烦闷。一九四七年底，在温州读书的包福年、叶文超发起读书会，我和郑朝梓、陈嘉治都去参加，成立时正好有十个人，就叫“十人读书会”。大家写文章，当年寒假包福年汇印成油印小册子《拓荒》；一九四八年下半年还出过一张油印小报，叫《群声》，在航船里被乡长林权发现，七里的坏人乘机敲诈，包福年家里被诈去十担谷，郑玉林被迫出走他乡。其实这读书会只是个临时组织，实质上是几个要好的少年朋友商量到中共游击根据地去，有说乐清好，有说永嘉好。叶文超与中共永嘉县委城区工委的厉冲芳同志有联系，就决定去永嘉，大家回家准备，春节后集中出发。

一九四八年春节后不久，叶文超、包福年、郑朝梓、我，还有陈嘉治进入中共永嘉县委根据地。按照党的纪律，我对包福年等没暴露党员身份，但不能对县委书记曾绍文同志隐瞒。我与他谈话后，他要我回来找乐清党组织，做好地方工作，我就出山回乡了。

入党、闹革命，是我的生活道路的头等大事。一九四七年，我的家庭生活还出了件大事。上半年，父母给我做了亲，我父亲信道理耶稣教，也许是他的教友介绍，与四板桥的胡家结了亲，姑娘胡宛凤，年轻美好，我一见就倾心了。但就在上半年，父亲胃病发作大出血，去世了；下半年，母亲高血压中风，也去世了。为节省费用，也为家庭急需主妇，红白喜事一起办，宛凤来送丧时，就被留下成婚。小家庭要服从大革命，我不顾新婚燕尔，娇妻弱弟，离家投奔“山底”。

一九四八年二月，我从永嘉“山底”回到家乡，就和七里的朱宏盛一起去找党组织。走到白象西岑，遇到徐金松，再找到钟前村，见到万昌义、陈丘、郑集华三同志，向他们汇报思想，请示工作。他们告诉我首先要物色对象，发展党员成立党支部，以支部为核心，开展工作。以后，郑集华、陈丘、万昌义、黄玉鸣常来我村联系，指导工作。一九四八年二三月间，我介绍陈岳宣、陈宣琴、陈祥辉、刘日丰、潘玉林、潘英顺、陈岳三、胡晓波等先后入党。一九四八年三月，中共上屋村党支部在我哥哥陈如彬家的正间里成立，我担任支部书记，陈岳宣为宣传委员，陈祥辉为组织委员。

郑集华同志还带我到曹田、金光岙、马道西岸、七里、金丝河等村的支部开过会，以后由我负责联系，由陈宣琴担任交通员（后陈宣琴去温州做板箱，陈嘉利担任交通员）与梅溪区委万昌义同志直接联系。从此，我把家事交给妻子，农事交给弟弟，自已全身心地投入党的工作，我的家也成为党的活动点，常在我家开村支部会，地工人员常在我家过宿。家住垟心屋的潘英顺同志入党后，支部活动场所才改在他家。

五

一九四八年四月，以郑辉为首的国民党反动联防队，在乐清西乡实行反共“清乡”。五月，郑集华同志被捕，他联系的支部大多被破坏，党员有的被捕，有的自首，有的外逃。正在蟾河堡村活动的万昌义同志匆匆撤离上山。白色恐怖笼罩西乡。风传郑集华的一个笔记本被缴，党员人心惶惶。我联系的各支部，纷纷来我家问情况，讨对策。我找到黄玉鸣同志，请他带我到梅溪区委机关请示领导。

那天我们走到峡门，已是中午时分，买了几个米饼和杨梅充饥。经万岙、石马，绕过乐成，走向慎海沙角，紧张的心情逐渐松驰下来，边走路边说话。初夏的太阳已经够灼人的。前面大路口有棵大榕树，可以到树下歇歇了。不想树后钻出来个敌兵，显然他已看见我们，横枪站在路口。这时候已是躲也躲不了，避也避不开，只好强作镇定硬着头皮迎上去。我手里提着一个网袋，网袋里装的是孩子衣服，是黄玉鸣从琯头拿来，捎给张雪梅同志的。那大兵用枪捅了捅网袋就放我们走了。走过了村，我说我的袋子里还有个笔记本。黄玉鸣一听急了，看看四下无人，我们就装着解大便的模样，蹲在地上把笔记本埋在石头下。又走了一段路，确实无人跟踪，又折回去把笔记本拿回来。我是第一次过这样的险关，亏得黄玉鸣同志有经验，安全过关了。我当时只有一个想法，如果敌兵搜身，我就与他拼了，二对一不怕他，但真的那样干，后果不堪设想。经过这一险，我们一路提高警惕，顺利到了四都，见到了区委书记梅迪民和万昌义同志。领导指示我们要长期隐蔽，适当开展合法斗争。当前要将未暴露的，失去联系的地下党员重新组织起来，进行反清乡斗争；组织兄弟会，发动群众，进行合法斗争。

那时，根据地形势也很紧张。那一晚，我们就睡在坟地上，无铺无盖，撑着雨伞挡挡露水。

六

受郑集华同志被捕影响的主要是茗东各支部，我联系的慎江乡五个村支部都较安定。我就把注意隐蔽、组织兄弟会、适当开展合法斗争的指示传达下去。当时，霍乱病流行，上屋村党支部就开展保护用水清洁，防止霍乱传染的活动。上屋村是马道村的一个自然村。马道村是瓯江北岸一个内河出口，从码头依次向里有马道头、马道底、上屋、西岸四个自然村。上屋和西岸之间，穿过一条南北向的小河。上屋人的饮用水就取自这条小河。支部请村里的大知识分子、我的堂兄陈适写了几条禁约，做成木牌立在河埠头，不许在埠头洗粪桶、脏物。这事得到村民的拥护，却惹怒了村里恶霸地主黄顺昌。黄顺昌是乡民代表，他的儿子黄立华是乡队附，黄家的粪坑就在河埠头旁边，黄立华扬言，未经他家允许就立禁约牌，这是不合法的。六月初十，他要拔掉禁牌，并说“看姓陈的敢出来与我斗斗看”！河埠头围了好多村民，我就出来与黄立华评理，他说不过我，就揎起袖子要打架。有人看见他带有暗器铁溜子，群众围上来制止。禁牌依然牢立，长了群众斗争的信心，杀了黄立华的威风。黄立华就到郑辉部下的大队长郑加余麾下当小队长，做反共鹰犬。我们乘势组织起兄弟会。后来，兄弟会禁止赌博，树立正气，在“三反六抗”中发挥了重要作用。

我为支部发动的合法斗争首战得胜而高兴。斗争锻炼了群众也锻炼了我。但从此，村上反动势力就把我看作眼中钉。

七

一九四八年八月，陈岳宣的弟弟陈孟失业在家，要求参加革命，我把他带到四都区委机关。梅迪民同志调到县委机关学习去了，万昌义同志担任区委书记。他对我说，上级已批准我脱产为地工人员，叫我到山面中心区参加青年培训班，因学员太少青训班未办，就留我暂时到油印组帮助工作，后又到总务组，当警卫队的司务长，帮助炊事班记账，空余时间就学习油印的《整风文献》《论共产党员的修养》和《地区工作提纲》。

一九四八年春，我虽去永嘉“山底”，但过了一夜就出来了，这一回入山住了三个多月。革命集体的生活，处境很艰苦很紧张，但过得很愉快很充实。天蒙蒙亮就起床打背包，出操跑步，上午学军事学文化，下午上政治课，搞体育活动，晚上文娱活动丰富多彩，轻松活泼，搞学习问答，击鼓传花，讲故事，唱歌，有时开生活检讨会，开展批评与自我批评。一天到晚有唱有笑，熙熙攘攘。有情况时晚上要转移，每人都背起所用东西。崎岖不平的山路上，突现了一大群解放人民的队伍，长枪在肩上闪晃着，挑担子的跟在后面。到了目的地，大家烧水洗脚洗身体，同时还夹杂着歌声，上铺口令一响，大家摊起稻草打开背包，睡觉，呼噜呼噜安安心心地睡觉。

三个月里，我亲历了中共乐清县委成立和夜袭虹桥祝捷两件大事。

我到“山底”不久，山面中心区改组为乐清县委会，叶龄银同志担任县委书记，乐清党的领导组织工作有了重要发展，大家欢欣鼓舞，热热闹闹地庆祝了一番。

十一月五日夜袭虹桥，事前准备得很充分。先是我们的三中队从沿海一带开过来，同时，四中队、一中队和总部也开拢来。田里搭起竹篾制的房屋模型，演习进屋缴枪。五日晚天黑出发，六日晨丕振同志来报捷，全部歼灭丁昌周的浙保四团二营营部及其第八连，缴获重机枪一挺，轻机枪四挺，步枪二十支，其他战利品还有很多。大家听了，就起床列队欢迎。军号声中，一大队凯旋的满载战利品的战士在凯旋门下进来。那大铁管重机枪，我们还从未用过。傍晚，我们去看试枪，首长们都上去打了几发，打得真热闹，真高兴。过了几天，各处送来许多慰劳品，开庆功会，军民大联欢，我和黄原学同志也上台表演。

八

在县委机关工作了三个月，十一月十五日，组织上派我回梅溪区委工作，县委书记叶龄银同志当晚找我谈话后动身，翻山越岭，直到天亮，才到梅溪。为避开反动士兵，中午才找到区委书记万昌义同志，晚上跟敬恒到武工组。随武工组活动了好些天后，和旭烈同志下村联系工作，催款。十二月，我们到各村组织农联会、征粮。这时候，淮海战役已取得胜利，但乐清敌人还要作垂死挣扎。郑辉部队抽丁抓人，征粮派捐。我回过一趟家，村支部通过兄弟会开展斗争，相当活跃。我们下村联系做工作，都是夜行日伏，保持警惕。有时候就在岩洞里过夜。二十八日夜晚走到平坑附近，胜一同志来说山下有敌兵，我们就到山上去睡，头倒在粪缸边真臭，但还得睡。天还未亮，说敌兵过来了。大家连忙准备战斗，万昌义同志带领武工组去扰敌，我和旭烈等人和炊事员去埋藏东西。突然一声枪响，战斗开始。几阵排枪，敌兵惊恐万分，好些掉入溪坑，我们正看得开心，拍手称快时，不料敌兵还有后续部队，他们冲上来，弹声犹如鸟叫，啾啾地从耳边飞过。还有枪榴弹、机关枪的声响。旭烈说："不好了，快撤。"我们一起跟他跑。冲过烂泥田时，我的草鞋被烂泥粘掉了，只好赤脚往山上爬石子岗。到了岗上回头一看，万丈深潭，真有些后怕。直到午后，我们才与万昌义同志等会合，吃了一顿茹丝饭。这是我平生吃过最好吃的饭，至今记忆犹新。

一九四九年，我在永嘉县东章、西叶、峙口一带帮助黄志钦、陈益同志征粮开群众会，宣传时事政策，在东岸过的春节，满桌的青菜、猪肉，很丰盛。

九

春节过后不久，城西区委黄杰同志带领黄玉鸣和我到柳市平原开展工作。二月二十日，区委书记万昌义同志叫我先下山到慎江一带联系支部，调查敌军武器和沿海民船枪支情况，准备建立沿江武工队。二十二日回到家乡，路上听说上屋村党支部竞选保长取胜。当晚我在潘玉星家召开上屋村党支部会，了解竞选保长的事。保长原是黄格西，是黄顺昌、黄立华父子的亲信，今年要改选。十六日（正月十八日）党支部就发动竞选，选举结果，陈岳宣得票最多，群众陈阿来其次，原保长第三。当时就有人在会上说："今后派捐，不派一半给黄家（地主黄顺昌家）就是狗生。"地主黄顺昌、富农黄顺清也大肆叫嚣，冲突很尖锐。同志们都担心敌人会乘机镇压我们，心情都很紧张。选举后第二天，陈岳宣去过黄顺昌家，这时他说："敌人要逮捕我们可能就在这几天，白天不要紧，夜里要提防，不要睡在家里。"

二十五日晚，我到西岸村刘瑞昌家，和刘瑞昌、陈嘉来开会。原打算第二天由黄义桃的岳父陈岳卿带我去黄华村发展组织，天亮前陈嘉来说他有事，黄华不去了。瑞昌蒸了一块年糕给我吃，说："你回家去吧，这里不能隐蔽你，别人会把你当老黄（义桃）的。"我就回上屋，先到垟心屋潘木匠家。潘说："保长还给黄格西当了，你回家吧。"我又到陈岳宣家，他那天不杀猪，在家睡觉。也说："现在不要紧，你回家吧，有情况我会告诉你。"

二十六日早晨雾很大，到十时才散去，弟弟陈嘉利从陈宣琴家帮锯木造猪栏回来，正在看我带来的《工农报》。突然外面有人喊："嘉熙先生在家吗？"黄立华带着十来个头戴笠帽身穿蓑衣的士兵进来，嘉利说："特务来了。"躲到床下，我把报纸塞进地板洞，躲在门后。麻脸特务余祥滔把嘉利抓走了，没发现我。后来嫂嫂进来说："他们走了，快出去吧！"我一冲出门，就被特务头子金元杰抓住了。事后据说，当时特务陈志三、黄艮三就守在我家厕所里，奇怪的是陈岳宣也从厕所里出来。抓了我兄弟俩，抓了西岸的黄瑞昌和陈嘉来，还搜捕了参加保长竞选的陈阿来家。

我们先被押到慎江乡公所——里隆殿，后又解到柳市岬底祠堂郑辉联防队的第四中队郑加余部。郑加余是黄立华的姻兄。当晚十时多开始审讯。挂起一盏洋油灯，摆开刑具，郑加余狞笑着要我讲缴他们枪的事，我不声响。他叫喽啰把我打了一阵后，仰放在方凳上灌冷水，然后用脚踏肚子，鼻孔都流血了，我还是不响。就来鲫鱼吊，把我两个大拇指反缚起来吊上梁，用扁担打，绳断了，再次吊起来打。每个喽啰轮流打五下，竹扁担打断了，再用木扁担打。左脚打烂了，我昏过去了，他们才把我放下在地上拖着。我受郑加余的欺骗和威胁，承认自己是共产党员，还编了几个假名字。郑加余说我是"盲膛讲"。问刘瑞昌、陈嘉来是不是共产党，我说我不认识。天亮了，要我写"自新"。我不干，他就打电话给郑辉，要把我押回本村枪毙示众。可巧这时下起了大雨。

雨下个不停，给我的亲友以营救时间，我姐夫和国民党县党部书记长叶际宣打电话给郑辉，指名要留我。郑辉下令把我们解到象山东岙碉堡。我腿伤不能走路，雇小船划去的。郑辉审问我，我翻了前供，说自己冤枉。

我外婆与郑辉娘是拜佛姐妹，赶去求郑辉娘修善救我一命，郑辉娘跪在儿子面前求。我嫂子郑兰也向郑辉老婆求情。但真起作用的还是党的武力营救。我武工队攻打柳市义昌阁，黄杰同志率队砸了黄曹、慎江两个乡公所，准备缴郑加余部的枪，贴出标语："不许反动派乱杀群众！"三天后放了刘瑞昌，六天后放了陈嘉来，在内外夹攻下，由我姐夫和岳父出面，郑辉被迫允许我“保释养伤二十天”。我兄弟俩在三月十二日（二月十三）保释回家。

从郑加余逼我供出要缴他们枪这件事看，我认为我的被捕是有内奸出卖。准备收集枪支建立沿江武工队这事，只有党支部少数人知道，郑加余怎么会知道呢?

保释后，区委黄杰同志通知我归队，二十天后刑伤稍愈，我就回到区委，向区委书记万昌义同志交代了我被捕受刑审和保释的经过情况，当即恢复组织生活，叫我暂时协助宣传组工作。

十

一九四九年五月七日，国军二〇〇师师长叶芳率部起义，温州城区解放。乐清县反动联防头目郑辉、郑加余、黄立华等下海逃往台湾。

八日，乐清县民主政府在上马石村成立。九日，柳市区政府在西岙村成立，我和区委书记演出朱大嫂送鸡蛋，他扮老头，我扮朱大嫂。胜利的喜悦冲走了我的羞怯和笨拙，居然上台表演。

十日，叶芳起义军中的一股叛徒，流窜到磐石杀我派去的政工人员，又到黄华，企图下海逃亡。黄杰同志带着一个小分队跟踪监视，柳市区委派我和陈宣琴配合他们。当我们回村安排午餐时，邻居们都来围观我们这些共产党。岩舟婶拍拍我的书包和口袋，探探有多少银元。一个也没有。她很奇怪，这些人舍家拼命图什么?我给他们说，为老百姓，为国家，为真理，不是为自己。听了我们的宣传，黄华的王洪川，自告奋勇去劝说那些叛军，叫受骗的士兵回来。那些丧心病狂的家伙，却把他钉死在船舱里活活饿死。对反动派是不能抱幻想的。

十一日，柳市区委全体人员，包括机关人员和武工队，都穿上了新发的蓝制服，头戴别着五角红星的八角帽，在区委书记万昌义、陈少东的带领下，开进了柳市街。街上店门紧闭，胆大一些的开着半扇门探望：“原来都是些童子军！”确实，我们当时都很年轻，大都是二十岁上下，个别炊事员同志大一些，也不过三十出头。我们边走边唱歌边贴标语，整整齐齐，规规矩矩，店门就一扇扇地开了。当天，区委政府驻进文昌阁，下午召开各界代表人物会议，宣传形势，说明政策。十二日，在柳市中心小学开群众大会，我和施永林、吴振宗、黄玉鸣、胡岳标等五人也上台讲话，宣传形势政策。接着，区委分配陈立口同志到柳市镇、黄玉鸣同志去白象镇、施永林同志去翁垟镇，我去黄华，宣传解放，说明政策。后来任命我为黄曹乡长。我立即到黄华上任，组建乡政府，当晚到各村建立农联会、民兵队。

解放了，我也解放了，可以公开地放手工作。解放初期，我得到组织上的充分信任，以全部热情投入民主建政、支援前线、减租反霸、镇反、土改等工作，不知疲劳，不顾家室。不久就调到区里任秘书、民政助理员、代区长等工作，经常带工作队下乡村，很少登机关。我自觉精力充沛，力气无穷，为解放洞头、舟山，为三大运动做了应有的贡献。

（本文为作者遗稿《我的一生》节选，由温州大学教授何旭艳提供）

董每戡与音乐家们

董　苗

先父董每戡少年时期就极好诗词，抗日战争时期亦为不少现代歌曲作过词。他曾与聂耳、冼星海、张曙等音乐家相识相交，并一起创作了数首爱国歌曲。能与这几位在当时堪称顶尖的音乐家合作，其机缘实属难得。

一九三三年，父亲创作了一部独幕剧《饥饿线》，表现的是黑暗统治下劳苦大众的挣扎求生，其中有一支摇篮曲，就是请聂耳谱的曲。关于这段故事，我的三叔董辛名后来在纪念聂耳的文章里是这样说的：

> 聂君确如家兄所说，是一个人才，他对于戏剧艺术有相当的认识。他原是学音乐的，除了会弹奏几种乐器之外，作曲便是他的拿手戏，不只作得好，而且作得快。我还记得有一次家兄为着某歌剧团公演的需要，一夜工夫写成了一个独幕剧——《饥饿线》，其中一支摇篮曲——《饥寒交迫之歌》，家兄就将歌词抄下来寄给聂君，请他作曲，那天傍晚聂君接到了歌词，第二天早上就将曲寄来

了，而且那短促的音阶配着那沉痛的歌词，更显得悲郁，幽怨的旋律颇能使听者起黯然之思，这件事真使我惊异他天才的卓越！

可惜聂耳英年早逝，一九三五年七月十七日下午，聂耳在日本神奈川县藤泽町鹄海滨游泳时被汹涌的海浪夺去了生命。一代天才音乐家，终年仅二十三岁。

当时，父亲和三叔都在日本，闻讯后伤感不已，两人合写了一篇《伤逝二章——悼聂耳君》，发表在一九三五年十二月三十一日于东京出版的《聂耳纪念集》中，父亲在文中追忆了他同聂耳的交往：

> 若估量我和聂耳君的交谊，还不能说怎样深厚，我和他的认识似乎是在两三年以前，不过在未谋面之前早已知道他，那是友人赵铭彝君告诉我的，他对我说不久会有一位对于戏剧艺术有深刻认识且对音乐有特殊教养的人自北平回沪，好容易等到他真的到了上海，某一个清晨在友人金德麟（金焰）的寓所中握了第一次的手，当时还因为有一个戏剧艺术方面的问题在讨论，我就初次听到了他对于戏剧艺术的见解，同时我知道了他确是一位颇有艺术教养的人，我们的友谊也就从此开始。
>
> 尔后，我和他不时地见面，而且见面时总是互相谈论学术，晤谈的地点以德麟君处较多。
>
> 我依稀还记得某一个疏星淡月的初秋之夜，我和他自某剧场出来，边走边谈直至霞飞路口才分手……

作为音乐家，聂耳听觉特别敏锐，加之名字由四个“耳”字组成，故人称“耳朵先生”，虽然不幸早亡，但他留下了不少脍炙人口的经典作品，其中最了不起的当数与田汉先生合作的《义勇军进行曲》——即今天的国歌。

一九三八年二月，一些大学生和各地流亡到长沙的有识青年聚集在一起，想请田汉先生帮忙组建剧团宣传抗日，田汉先生因公事繁忙无法抽身，便请父亲帮助学生们组织成立了“一致剧社”，由父亲担任社长兼导演，并创作了社歌《剧人战歌》：

一致，一致起来争自由，
一致，一致起来谋解放，
我们虽不是携枪杀敌的战士，
却有演剧的武器捍卫家邦。
我们参加神圣的反侵略战，
在电台、舞台、街头和广场。
看！侵略者已经战栗彷徨，
我们面前显耀着胜利的荣光，
我们面前显耀着胜利的荣光。
同志们快站住，站住，
站在艺术的岗位，
拿武器瞄准敌人的胸膛！
一致，一致，一致起来争自由，
一致，一致，一致起来！
一致起来谋解放！

这首歌词写好后，父亲便请当时正在武汉的冼星海谱曲。冼星海其时出任军事委员会政治部第三厅音乐科科长，工作繁重，但他仍然抽时间完成这个嘱托。这首歌曲调肃穆雄浑，演出时很受欢迎。

一九三八年三月下旬，父亲应田汉先生之邀，前往武汉进入军事委员会政治部第三厅六处（田汉任处长），在戏剧科任职（科长为洪深），与音乐科科长冼星海有了进一步的交往，同冼星海合作过三首歌曲。父亲在《献曲》一文中谈到：

> ……去年秋天我在武汉做事，当时忙里偷闲写了一个四幕的抗敌剧本，里面要有两个歌，我就作了一个《大家起来曲》，一个《打鬼子歌》，请同事冼星海先生替我作曲，冼星海是有名的音乐家，只费一个晚上就把曲谱成了给我，不久我因公离武汉赴湖南的衡山，接着又离湖南赴广西，在桂林住着等入贵阳的车，好了，这一等，不上十天工夫，敌人的飞机来袭桂林狂炸，我的剧本、衣服、书籍全被燃烧弹炸毁了，到现在就只留着这两个歌，因为歌在衡山的时候就油印出来给壮丁队、警察、小学生、县党部的歌咏队学唱，所以现在还能看到歌谱，这个歌现在有很多人唱它，因为容易学，又好听，这样，我才把这首歌献给你们，希望在战壕里唱着打着，多干掉些日本鬼子。

《献曲》一文是段金龙老师新近搜集到的，其中的《大家起来曲》全文如下：

同胞们谁肯做奴隶
谁肯做牛马
大家起来求解放
大家起来争自由

同胞们谁都有热血
谁都有拳头
大家起来保家乡
大家起来卫国土
大家起来牺牲奋斗
大家起来雪耻复仇
大家起来打鬼子
大家起来杀倭奴

《冼星海全集》收录了此曲，但歌名变成了《大家起来求解放》，词作者却注的是“佚名”，这首歌曾载于《阵中文艺》一九三九年第一卷第二至三期。而另一首歌《剧人战歌》成了《剧人抗战》。《打鬼子歌》虽在一九三九年的《朔风》文艺月刊上刊登过（见《世纪学人自述 · 刘开扬自述》），但《冼星海全集》却漏掉了这首，可见全集亦难全。

一九三八年初，父亲又结识了一位音乐家——张曙。二月，父亲携母亲胡蒂子和田汉、田洪、李也非、易杰及刘亚伟夫妇成立了“战斗演剧队”，公演了《台儿庄前夕》《血洒情空》等抗日话剧。战斗演剧队的队歌是由田汉作词，张曙作曲。此时父亲为一致剧社写了三幕剧《敌》，剧中的主题歌《抗战到底》：

日本鬼子不讲理，
残杀我同胞，
强占我土地，
不讲人道，
不顾正义，

寇深矣！

同胞们，

快奋起，奋起，奋起，

挽救中国的危亡，

只有全面抗战，

争取民族的生存，

只有抗战到底，

寇深矣！

同胞们，

快奋起，奋起，奋起，

全面抗战，

抗战到底！

这首歌由张曙谱曲。多年以后，母亲回忆道：“在长沙演出《敌》剧时，每次我唱《抗战到底》主题曲的时候，都是张曙伴的奏。”回忆中充满着崇敬和怀念！只可惜张曙父女于一九三八年十二月二十四日在日寇飞机轰炸桂林时身亡，天不假年。

父亲在世时，曾经叹惜这几位才华横溢的音乐家均过早离世——聂耳二十三岁溺亡，张曙三十岁死于炸弹，冼星海四十岁病故，不能不说是中国音乐界的巨大损失。

除了上述三位以外，父亲还同下列音乐家有过词曲合作：

与贺绿汀的《飞将颂》（《保卫领空》主题歌）；

与汪秋逸的《秦淮悲歌》（《秦淮星火》插曲之一、之二）；

亚当氏原曲的《争取胜利》；

与姜希的《我们是中国的空军》；

与王云阶的《来一架打一架》（《追击》主题歌）；

与邱仲广的《悼空军烈士歌》；

与迟文苑的《文艺青年歌》（东北大学中文系系歌）。

父亲作词的歌曲目前知道的有十二首，均在抗日战争时期写就。那时候，他常常忧愤国事：“恨山河破碎，骨肉飘零！恨国仇未报，神州陆沉！”他面对“日本鬼子不讲理，残杀我同胞，强占我土地”的惨状，用歌曲号召民众“挽救中国的危亡，只有全面抗战；争取民族的生存，只有抗战到底”。他讴歌空军将士“龙从云，虎从风，我们的飞将似虎龙；壮志凌霄汉，豪气压长虹”。鼓励国人“看！侵略者已经战栗彷徨，我们面前显耀着胜利的荣光”。

俱往矣。这些歌曲除了具有艺术上的传承价值，也让后人得以从中窥见漫天烽火中的家国情怀，遥想父辈当年，不亦壮哉！

二〇二一年七月二十四日

洁白如云的花朵

——与温州文化人谈唐湜

曹凌云

九叶诗人唐湜（一九二〇—二〇〇五），在中国现代文学史，特别在中国新诗发展史上占有一席之地。唐湜无疑是温州文学界的一座高峰，许多温州文化人说起他，总是饱含崇高的敬意，牵动无尽的追思。

沈克成（学者、唐湜的学生）：他的翻译“信达雅”兼备，其莎剧译本可谓巅峰之作

沈克成先生是计算机中文输入系统“沈码”的发明人，是致力于语言学、文字学研究的学者，是现代汉语翻译家，他与唐湜先生有着四十年的交情，跟唐湜先生学习翻译一年半时间。

今年盛夏的一个上午，我拜访了沈克成先生，与他谈谈关于唐湜先生的往事。沈克成先生开门见山地说：“世人只知道唐湜先生是一位驰骋诗坛的九叶派诗人，是一位卓有成就的文艺理论家，却少有人知道他是一位

浙江大学毕业时的唐湜

唐湜

出类拔萃的翻译家。我跟唐湜先生学习翻译期间，领略了他在翻译上的出众才情。”

一九六五年的春天，草长莺飞。在人民印刷厂当工人的温州青年沈克成，得知从北大荒归来的唐湜是大诗人，懂英语，会翻译，就与有英语基础的好友徐葆萱、曹学新、金依诺一起，敲开了唐湜的家门，要求跟他学习翻译。唐湜也正需要带几个学生拿点学费贴补家用，就爽快地答应了。唐湜说：“我正在翻译莎士比亚的剧本，他一生创作的剧本数量可观，规模宏大，得以传世的就有三十七部，我们就一起从翻译莎剧开始吧。”从那时起，唐湜与四位学生开始了亦师亦友的交谊。

唐湜因“右派”的身份，蛰居在家，备尝艰辛，但苦难的命运没有压断他的脊梁骨，他正在翻译莎士比亚的风俗喜剧《温莎的风流娘儿们》。这部剧作在莎剧中没有举足轻重的地位，却描写了现实生活中的风流趣事和生活闹剧，洋溢着积极向上、明快乐观的气氛，能有效冲淡他心中的悲凉。唐湜给沈克成开了一张莎剧原著书单，并吩咐先买五本莎翁四大喜剧之一的《仲夏夜之梦》，师生需人手一本。

沈克成利用出差的机会到上海福州路的外文旧书店里淘来旧书，大家又聚到唐湜家里，二十七平方米的房间里显得异常拥挤。唐湜一家六口人，四个孩子，居住在温州老城区城下寮（现温州城区人民东路一带）一栋三间两进、砖木结构的楼房里，这栋楼房在一九四八年由唐湜的父亲所建，在温州城区算是好民居，不料后来被充公，成了一个大杂院。唐湜一家住在二楼西边间，过着楼矮声高的热闹生活。师生五人有的坐在床沿，有的挤在床前的凳子上，手捧《仲夏夜之梦》，一句一句地读，一行一行地讨论。许多词句大家读不懂，翻译起来也有不少障碍，唐湜说：莎翁是用中古英语写的诗剧，陌生与生涩在所难免，读起来自然困难，理解起来也有许多疑惑，你们回去多查词典，将其一一攻克。

就这样，每周定一两个固定时间，四个学生会聚在唐湜家里，一起阅读、交流、探讨，逐章逐节读懂原文后，唐湜就作一些艺术的分析，他对诗意的直觉感受敏锐而准确，想象丰富而雄浑，常常点燃学生的灵感与幻想，引领学生进入莎翁的内心去探索。在翻译上，金依诺、徐葆萱、曹学新并不动笔，只有唐湜和沈克成像蚂蚁一样地工作，各自一句句、一段段、一幕幕地尝试着翻译在稿纸上，而唐湜的翻译尽显他的才情、学识与文学修养上无可否认的优越，他的译作词意准确凝练，语言精美流畅，叙述生动贴切，富于可读性和感染力，远胜沈克成的翻译，总能给学生们带来莫大的惊喜和由衷的佩服。

那段时间，唐湜生活拮据，一家人时有断炊，学生们听到唐师母敲响米桶，就知道家里没米了，忙凑钱去买米。其实，每个学生的家境也不好。唐湜跟学生们在一起，心里是充满欢乐的，教与学的氛围轻松而愉悦，他与他们一起对诗艺、对美学、对进步的思想无比执着地追求着。

莎士比亚诗剧中那种宏大的气魄和律动的诗情，震撼着唐湜的心胸，也给他巨大的诱惑。大约用了半年时间，唐湜与沈克成用细磨精琢的功夫，各自完成了《仲夏夜之梦》的翻译。接着，唐湜选择了莎士比亚四大悲剧之一的《麦克佩斯》进行翻译，这同样是一部像大江一样浩荡的诗剧，从“一个入侵者的热狂的野心与性格出发，力图写出麦克佩斯式的野心的悲剧”（唐湜语），他与学生们依然以严谨的态度，与原文一一对应进行翻译，洋洋洒洒，自然自如，翻译的速度快了许多。

唐湜所用的稿纸，都是沈克成提供的。沈克成说：“我在印刷厂当工人，搞点稿纸很方便，一些机关单位都会委托工厂印制稿纸或信纸，我在零印车间看见后，就到仓库里找些边角料，裁成同样规格，请师傅给我加印一些，有时候干脆自己动手，一个小时就能印上一千张。这些稿纸除了自己用，就源源不断地提供给唐先生。稿纸有三百格、四百格，有白、绿、红各种色彩，倒给人一种美的感觉。他对稿纸特别珍惜，写不好了不忍撕掉，用剪刀剪成纸条，用浆糊贴上去。”唐湜把每一部译稿都誊抄得干干净净，装订得整整齐齐。

唐湜是一位诗人，是莎士比亚的知心者，他对莎剧有着高深的理解力和敏锐的洞察力。他的译作既忠实于原作，又有自己独有的创作，他力求以相应的北京方言、谐语来表达原作意思，特别注重舞台效果，让诗与戏精彩结合，便于演出。唐湜的译作中还不乏种种分条注释和详尽的札记，用以分析历史背景、故事演变、主题思想和人物性格等，为读者答疑解惑。

唐湜还翻译过《莎士比亚十四行诗》，因为他熟读或翻译过弥尔顿、雪莱、济慈以及现代欧洲诗人里尔克、瓦雷里、奥登的十四行与各种各样的变体，再加上他一直喜爱莎士比亚的十四行，觉得那种每行五音顿的无韵素体诗，那种“ABAB CDCD EFEF GG”的韵式，那种极自然的抑扬格的成熟节奏，就是语言的音乐，读起来像芦笛奏出的清纯、悦耳之声。他把翻译《莎士比亚十四行诗》作为自己一次情感的旅行。

沈克成说：“唐湜自己也创作了不少十四行诗，他觉得五个音顿在中国语言里是长了一点，四音顿最恰当，就写了许多四音顿的十四行。这是唐湜的独创。”唐湜的三个长诗《幻美之旅》《遐思：诗与美》和《海陵王》就是由变格的十四行组成的。

一九六六年到来了，生命进入盛年期的唐湜，引领学生走进了莎士比亚的世界。缤纷初夏时，《麦克佩斯》翻译收尾后，唐湜与四个学生进攻第三个莎剧《罗密欧与朱丽叶》，这虽是一部悲剧，但有喜剧的气氛，是一部乐观主义的悲剧。然而，“文革”的到来打乱了他们的一切计划，他们不能在一起搞翻译，不能接触莎士比亚作品，他们喜爱的文学作品几乎都遭到批判和封杀，四个学生跟随唐湜学习了一年半的翻译后，不得不各奔东西，自谋前程去了。徐葆萱当了中学的英语老师，后来去攻读哲学；曹学新当了裁缝师傅，后又成了高校的英语老师；金依诺去搞机械，开发产品。这是后话。

“文革”初期，唐湜要参加许多“陪斗”，要写一份份“交代材料”送给居委会。他忍耐着厄运带给他的苦难，他知道在这种颠倒是非黑白的现实生活里，自己的译作不可能出版，但他还是偷偷地进行《罗密欧与朱丽叶》的翻译，唐湜译得抑扬顿挫，疾徐高低，讲究节奏，非常抒情，把青春的活泼和相爱的大胆充分地传达出来，让笼罩着悲情的纱幕透出缕缕喜悦的光芒，成为典型的悲喜剧。他对这位英国文艺复兴时期伟大的戏剧家和诗人的痴迷，体现在翻译的字里行间，充盈在自己悠长的翻译旅途中。

很快，“破四旧”运动来了，众多无知的青少年把温州城闹得天翻地覆，唐湜的一些藏书和书稿被抄走，被焚烧，唐湜也在惊慌中撕毁和烧掉自己的许多诗稿与文友的书信，但他舍不得毁灭自己视为珍宝的莎剧译作。怎么办？只有藏匿。于是有一天，唐湜把莎剧译作叠在一起，用报纸包得方方正正、严严实实，送给沈克成，要他找个可靠的人保管。沈克成双手捧着这一叠书稿，感觉分量的沉重，他便与金依诺一起，把书稿送到温州城郊的茶山，交给一位搞机械的同学叶成龙，拜托他保存。

在那个最缺乏诗意的年代里，唐湜暂时进入了沉默中，不敢写诗，也不敢翻译。他没有了学生，也就没有了收入，一家人陷入了饥寒交迫的日子里。唐湜试着找几个亲友帮忙，他们都躲开了他，没办法，他又找沈克成相助。沈克成与自己的高中同班同学、温州城西房管所造反派头头戴耀东商量，戴说：唐湜是个大右派，不能落实工作，但城西房管所属下有个水泥预制场，他可以在那里做苦力活。就这样，唐湜被安排到水泥预制场干活。戴耀东是位热心肠的人，他交代预制场的工人要照顾好唐湜，不要让他干重的体力活。工友们对唐湜特别友好，纷纷伸出援手，凡有重的体力活都不让他干，只让他推一辆小车，干点零活，甚至可以在上班时间推着小车到场外大街上转悠一圈。工友们对唐湜的友谊，在那个人心冷漠、世态炎凉的年代显得尤为珍贵，在温州文化界留下一段佳话。

“文革”结束后，唐湜突破了束缚，他创造了成熟的新诗律来巩固自己的成就，在诗歌、评论创作上达到了旺盛时期，形成了新一代的诗风。

沈克成先生说：“我看过许多莎剧的译本。在大陆最有影响的当数朱生豪的译本，译有莎剧三十一部，他用散文的语言翻译，文辞虽优美，但影响了原著的韵味。孙大雨、曹未风等人用诗的语言翻译了莎剧，但他俩都是大学者，拘泥于原著每个词的准确性，有一种主动戴上‘镣铐’去‘跳舞’的感觉。而唐湜的译本是‘信达雅’兼备，我没有看到谁的翻译能超过他，可谓莎剧译本的巅峰之作，如果当时有一个好的环境，让唐先生把莎翁的所有作品用诗的语言翻译成中文，将是中国文坛的一件幸事。唐先生说我的翻译过于‘老气横秋’，二〇一三年也获得中央戏剧学院的肯定，被搬上了舞台，更何况唐先生的翻译。如果把他的莎剧译本整理出版，我可以肯定地说，不仅会轰动文坛，还会在莎学界引起巨大反响。”

是的，面对唐湜先生的皇皇巨著，包括他的翻译，无人不会感慨。他从苦难的现实出发，借一个歌人追求幻美的一生，用博大的胸怀与悲悯的精神，去照亮这个世界。

瞿光辉（作家、唐湜的好友）：他的诗是用他自己的生命写成的

闲云落晖，追念故人。今年八十二岁的瞿光辉先生说起唐湜，满含深情。他说：我在读初中时，开始喜欢文学，因手头拮据，常去旧书摊淘旧书阅读。有一次在流动的板车上翻到一本《飞扬的歌》，一九五〇年平原

创作中的唐湜

唐湜先生在书房

社出版，作者唐湜。翻看《后记》，发现作者是温州诗人。温州也有人写新诗？我当时很惊喜，就花了一角钱购得。这是我最早购买、收藏的新诗集。我回家读了《飞扬的歌》，觉得清新脱俗，想着要学写新诗。

一九六一年，瞿光辉已在一家基层公社工作。写诗的热情与日俱增，就去找小学国语老师周冠杰要他教写新诗，可周老师说自己只会写旧体诗，不谙新诗之道，就带他去城下寮见一位写新诗的大作家，这人正是唐湜。瞿光辉见到唐湜时如梦如幻，如故如旧，说自己熟读《飞扬的歌》里的每一首诗，还即兴背诵起其中《我的欢乐》里的诗句："我不迷茫于早晨的风，风色的清新/我的欢乐是一片深渊，一片光景/芦笛吹不出它的声音，春天开不出它的颜色/……"唐湜听后颌首微笑，说自己所写的诗作并不值得重视，不过愿意跟瞿光辉谈谈新诗创作心得。

此后，家住杨柳巷的瞿光辉隔三差五去唐湜家里求教一些问题，唐湜也都认真地给予解答。瞿光辉知道诗才横溢的唐湜戴着"右派"的帽子，刚刚遭受牢狱之灾回到温州，还处于贫病交加的困境之中，放下了诗笔，他想过逃离或者抵抗，但事实上是插翅难飞。唐湜为了缓解内心的痛苦和焦虑，在自家走廊上栽种了一盆盆小花木，他还会在翠绿的仙人掌上嫁接一个红艳艳的仙人球，称之为"绯牡丹"，每天浇水、施肥，在侍弄花草时常把走廊弄得很脏，惹来妻子的数落。瞿光辉看到这一切，心里就一阵阵酸楚，他对唐湜说：您的诗那么灵动，总像一束束光，照亮无数人的心灵，何不继续写下去，用诗的光照彻眼前的阴霾。唐湜听后叹息了一声，没有回答。

一九六二年正月初一，唐湜踏过街头巷尾的鞭炮屑，来到了瞿光辉的家里。瞿光辉回忆起当时的情景，仍然历历在目。他说：唐湜先生郑重其事地递给我一张白纸，上头有蝇头小字。我一看，是一首小诗，题目是《断诗》，副标题是"赠k"，诗中有"瞧，这忽儿是青葱似的春天，/

小蜂儿采集了最好的花液，/该来酿最芳烈醉人的花蜜；/瞧，这忽儿是茴香似的春天，/珠贝满孕着季节的痛苦，/该吐出彩云样光耀的珍珠”等句子。“k”是“光辉”一词罗马拼音的头一个字母。可见，他这首诗是赠给我的，意思是回答我，他那冰凉的心已被我的热情感染了，又开始写诗了。而不写我的姓名，是因为他考虑到自己是“右派”，担心连累到我。他对我说：你说得对，对于我，也许只有写诗这条路还有希望。果然，唐先生的诗泉又开始喷涌了，陆续写出了《清晨之献》《西窗商籁》，甚至长诗《海陵王》。无论是风来压倒他，还是风过再挺起，他始终珍惜生命珍惜光阴，把苦恼和悲愤化作了精美的诗行。

他们的交往很频繁。唐湜家里有大量藏书，瞿光辉可以随便翻阅，回家时还可以借走一两本。瞿光辉把唐湜的处女作诗集《骚动的城》（上海星群出版社出版）借过来，全本手抄下来。有一次瞿光辉在唐湜家中，听唐湜说自己的《交错集》已经出版，手稿就不要了。瞿光辉赶忙说：那给我吧。这本手稿字迹工整，少有涂改，当然还是蝇头小字。瞿光辉把这本手稿收藏在家中，至今没有褪色。瞿光辉认为唐湜《交错集》里的诗歌是唐湜诗歌的代表，是最精彩的一部分。瞿光辉在唐湜家中看到唐湜的一张黑白五寸照片，背景是中山桥，就说：唐先生，这张照片能否送给我？唐湜爽快地答应了。这张照片瞿光辉也保存至今。

瞿光辉认识唐湜的家里人。唐湜的父亲唐伯勋，身材挺拔，态度和蔼，是一名基督徒，当过小学校长，在乡下有很多田地。唐湜的妻子陈爱秋，是个勤快人，把家里收拾得干干净净，做饭菜注意营养搭配，对唐湜的衣食住行照顾得很周到，只是个性较强，说话比较犀利。

一九六二年早春，唐湜受到有关部门领导照顾，到永嘉昆剧团做临时编剧，他跟随剧团上山下乡，有机会与海洋、山野亲近，也促进了他的戏剧创作。可是在一九六四年夏季来临之时，永嘉县委为了“纯洁文艺队伍”，解雇了唐湜。他再度失业在家，只得私下带了几个学生教授英语、古文，收几元学费维持家用。

唐湜出身于传统的旧式家庭，深受中国传统文化的熏染。而在他就读大学时，正逢中国社会内乱外患、动荡不安，也造成了中外文化的交流、碰撞和融汇，在这种时代背景下，他追求个人的独立和思想的自由，潜心攻读外语，打下了扎实的英语基础，阅读了大量原版英语文学作品，视野也随之开阔。良好的外语水平，加上深厚的文学修养，为唐湜从事文学翻译创造了条件。

九叶派诗人大都受过外国诗歌很深的影响，擅长翻译，他们的文学译著在中国现代文学史上有着举足轻重的作用，如穆旦（查良铮）、陈敬容、郑敏、袁可嘉等，唐湜也一样，他有文学翻译的天分，也倾注了他的心智、脑力和青春活力。瞿光辉说：我见过唐湜先生的一些译本，如《弥尔顿抒情诗卷》，译在一册开本较大、纸质很好的格子本上；他翻译过泰戈尔剧本《谦屈拉》，一九四八年在《东南日报》的“江风”栏目里连载过；他还准备翻译奥地利诗人里尔克的作品，手头有一本英、德两种文字对照版的《里尔克诗选》，在《飞扬的歌》最后一页也做过预告：“《里尔克诗选》，译诗，在整理中。”但他始终没有“整理”出来，就把那本英、德文的《里尔克诗选》送给了我。上世纪八十年代初，唐湜又把《里尔克诗选》要回去了，寄给了九叶诗友陈敬容翻译。一九八四年，陈敬容完成了《里尔克诗选》的翻译，并以《图象与花朵》为名，在湖南人民出版社出版。

为了翻译，唐湜用大量的时间阅读一般作家、翻译家甚少留意的外国古典文学，钻研一些言深义奥的学问，他也因此对古希腊神话故事驾轻就熟，有自己独到的理解，还编写了一本《希腊故事集》。唐湜的翻译注重原作的风味，词句单纯、明快、流丽，洋溢着浓郁的民族风情格调，读来朗朗上口。瞿光辉说：为了让唐湜的译著长置于我的案头，闲时翻阅学习，便向他借来《弥尔顿抒情诗卷》加以誊抄，我还抄录了《希腊故事集》全稿，请他在我的抄本扉页题字。可是，唐湜的许多译稿在“文革”中被抄家、烧毁，出版寥寥，现仅有《坡道克之歌》（S.安东诺夫著）译稿，由文化工作社于一九五一年出版。我觉得唐湜的译著有关部门要想办法整理出版，尤其是《弥尔顿抒情诗卷》和《谦屈拉》，更是他译著中浓墨重彩的一笔。唐湜译著公诸于世，可启迪后学，金针度人，还可使唐湜的文学创作范围更见广大，对研究唐湜和九叶诗派都有重要的价值，同时，也是对这位前辈作家最有意义的回报和纪念。

瞿光辉说：我在杭州大学外语系读过书，年轻时常译些短诗请教于唐先生，他看得很认真，用红圆珠笔作过仔细的修改，他提的意见很坦率，有时也很尖锐。但我没有跟他学习英语或翻译，一是我当时家庭条件不好，月工资二十多元，薪金微薄，还要赡养母亲，时常入不敷出，没有能力交学费。二是唐先生英文口语并不好，我有一次请他读英国浪漫主义诗人华兹华斯的诗，他读得结结巴巴，读成了“破布末”。另外，他尤其喜爱莎士比亚，我对莎士比亚不感兴趣，觉得莎翁的作品文辞深奥晦涩。

“文革”开始后，唐湜更是少了自由，待在家里也被人监视，其处境好像笼中之鸟，可是，唐湜总是想尽办法让自己从容一些，享受创作的时光，写出了许多精美的诗篇。瞿光辉说：唐湜的诗是独创的，古诗中没有，新诗中也没有。他的诗是用他自己的生命写成的，满蕴着他的欢乐，他的痛苦。希腊神话中的美少年纳瑟斯（Narcissus）爱山、爱水、爱阳光，但更爱他自己；唐先生爱山、爱水、爱阳光，但更爱诗歌。一代人有一代人的命运，一代人有一代人的担当，唐湜一生沉浮起落，但他坚持创作，追求理想，实现人生价值，是不变的主题。

在瞿光辉和唐湜的几十年交谊中，他们的情感彼此相通，在精神上也产生了某些共鸣。唐湜为瞿光辉的油印本诗集《象征集》写过评论，称赞瞿的诗质朴，有童心。瞿光辉对唐湜始终怀有真挚而深厚的感情。瞿光辉说：有一件事让我难以释怀，是唐湜先生墓碑上的字。二〇〇五年元旦后，温州市图书馆有位同志跟我讲：唐湜的病情十分危急，他的家人在为他准备后事，正发愁墓碑上刻什么字好，唐先生的诗你读得深读得透，你在他的诗中选两句吧。我立即答应了，也快速选取唐先生诗歌《纳瑟斯》里的最后两句，“觉手足渐伸入泥土，脉脉含情/口里吐出了纯白如云的花朵”。纳瑟斯临流鉴照沉没于水，后来水中开出了水仙花；唐先生沉浸于诗，开出了心灵之花。这两句就是唐湜一生热爱诗歌的写照。我告诉了图书馆的那位同志，让他转告唐先生的家属。可是几年后，我到了唐先生的墓地，看到墓碑上刻的却是唐湜《题〈海陵王〉》一诗中的句子：“诵陈王之明月兮，忆桃源之故人。/感岁华之驰骤兮，思淹忽之良辰。”唐湜是写新诗的大诗人，放这种离骚体的诗句深感不妥。我只能发出一声轻轻的叹息，就像一片树叶飘落在唐湜先生的墓碑上，所发出的轻微声响。

马大康（教授、唐湜的好友马骅之子）：我父亲与唐湜先生志同道合，情深潭水

马大康先生出生于一九四七年，与唐湜先生相差二十七岁，属于“两代人”，往来也不多，而他的父亲、著名作家马骅（莫洛）先生，是唐湜先生的好友，且结交了七十多年。我与马大康先生谈唐湜先生，自然从他的父亲与唐先生的交往谈起。

那是一九三五年，考入浙江省立第十中学（温州中学前身）初中部的唐湜（在校姓名为唐兴隆），认识了年长他四岁、就读于该校高中部的学长马骅。当时，马骅与胡景瑊、赵瑞蕻、马大恢等同学一起组织了“野火读书会”，他们一起读“禁书”《资本论》《政治经济学》，投身救国运动。唐湜也是进步学生，就加入了他们的组织。那一年的十二月九日，北平（北京）大中学校的学生数千人，在中国共产党的领导下举行了抗日救国示威游行，反对华北自治，反抗日本帝国主义，要求保全中国领土完整，史称“一二·九”抗日救亡运动。马骅等在温州中学也发动同学开展爱国救亡运动，响应了北平的示威游行，掀起了温州抗日救国的高潮，唐湜也积极参加，上台演讲，高喊宣传口号。这些青少年爱国英雄，忧民忘家，赤胆忠心，救亡图存，历练心智，唐湜与马骅的关系更加密切了。

因领导学生运动，马骅被校长开除学籍，又遭到政府通缉，只得流亡上海。一九三七年“七七事变”爆发，中国全民族抗战开始，温州的抗日救亡运动再次如火如荼。在上海的马骅接到温州党内同志的来信，要求他立即回到家乡。那年八月，马骅回到温州，在温州党组织的指导下，与胡景瑊等一起牵头成立了“永嘉战时青年服务团”（简称“战青团”），唐湜依然没有缺席，成了战青团的骨干。在那段烽火连天的岁月里，唐湜与马骅、胡景瑊等一起，组织学生演唱抗日歌曲，向民众宣传革命道理，推动了抗日救亡运动的蓬勃发展。学校对学生爱国运动不支持，唐湜被老师、校长训话后，开除学籍，遭到驱逐，他前往省立宁波中学继续学业。

马大康说：一九四〇年，我父亲和母亲分别受温州党组织安排到瑞安韩田小学教书，我母亲林绵出生于有名望的大户人家，与我父亲一样思想活跃，向往革命，他们在那里相爱，然后结婚。婚后不久，父亲接受温州党组织的安排前往苏北盐城，参加了新四军。一九四三年暮春，应时任《东南日报》社长严北溟的邀请，我父亲奔赴丽水，主持《东南日报》的副刊，兼资料室主任。严北溟是湖南湘潭人，中国哲学史专家，进步人士，因我父亲是《东南日报》的重要撰稿人，得到他的赏识。当时，父亲已创作了抒情长诗《渡运河》和组诗《风雨三月》等。

马骅到东南日报社后，负责副刊《江风》和《文艺新村》，即向同样已经开始文学创作的唐湜约稿。唐湜当时已才情毕露，他的许多诗歌、散文，以及一些历史题材的小品文，经马骅之手编发在《江风》上。那年，唐湜也考入丽水山中的浙江大学龙泉分校外文系。人海茫茫，风流云散，而马骅和唐湜能在异地的偏远山区相聚，真是有缘。

抗日战争时期，杭州沦陷后，浙江省政府迁至丽水松阳、云和、景宁、龙泉等地，丽水地区成为浙江抗战的大后方和政治、经济、文化中心。随着省政府迁移，东南日报社也迁往丽水碧湖、龙泉等地。马骅在丽水龙泉工作时，妻子在身边，长子马大观已经出生，于是在报社附近租用了十几个平方米的农民小屋，布置了一个温馨的小家。这间小屋靠近一片松树林，也紧邻一九三九年迁建的浙江大学龙泉分校。唐湜和浙大几个志趣相投的同学一起，常常到马骅的小家聚会聊天，也来感受这个小家提供的友情与温暖。马骅夫妇向来好客，总把家里能吃的东西拿出来，还煮了一锅大米粥，招待大家。龙泉依瓯江而立，山清水秀，是浙江入江西、福建的主要通道，素有“瓯婺八闽通衢”“驿马要道，商旅咽喉”之称，当时水路交通兴旺，瓯江水运船只有四千多艘，这些年轻的贤才志士在马骅家里饱餐一顿后，就去江边散步，清澈的江水中倒映着两岸的青山，远处的船帆星星点点，富有诗情画意。他们在月色清莹中返回学校。

一九四五年抗战胜利后，东南日报社跟随省政府迁返杭州，马骅随报社来到杭州工作。唐湜也随浙大分校迁返，到杭州继续学业，开始用一种诗意的抒情散文笔法来写评论的探索，第二年又去上海暨南大学借读，进行散文和长诗写作，并结识了李健吾、臧克家、胡风等文坛大家和杜运燮、陈敬容、杭约赫（曹辛之）等诗界新秀。

此后几年，唐湜诗情迸发，迎来创作的成熟期，写出了诗集《交错集》、长诗《英雄的草原》等，在新诗的浪漫主义诗潮流变中，真正走向

从左至右：瞿光辉、唐湜、赵瑞蕻、金江。

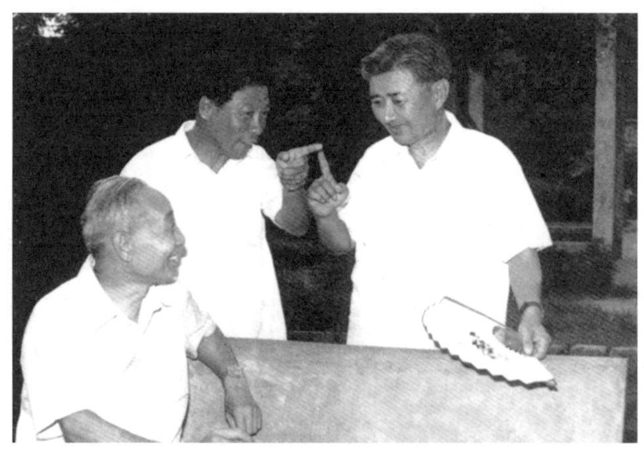

唐湜（右）与金江（中）、马骅（莫洛）在一起。

现代风格。在唐湜成为中国现代文学耀眼的新星时，对马骅的文学作品给予充分肯定，写出多篇评论。一九四八年马骅以莫洛为笔名，在海天出版社出版了诗集《生命树》，唐湜读后便写出评论《生命树上的果实——读莫洛的〈生命树〉》："这些'生命树'上的果实读来虽然有时有些纤细之感，但在整体上看来，却是丰盈的、成熟的，有无限广被的光辉与自然圆润的意象，一种克腊西克（classic）的美在盈盈地漾开。我们这里是一片阳光，一片和煦，一株沉默而丰满的生命树。"唐湜读了《渡运河》，写道："《渡运河》正是一个斗士在运河周围的战斗旅程中的感情记录，……一种真实地单纯化了的新知识分子的战斗史诗，一曲新人类的高歌。"《风雨三月》也让唐湜读出许多"感动"。

一直到了上世纪八十年代，中国新诗迎来了春天，九叶诗派时隔三十年后成为引人瞩目、放着异彩的诗群。唐湜念念不忘老友马骅，著文称九叶诗人并不只是"九个人"，"年纪大些的前辈诗人就有冯至、卞之琳、方敬、徐迟、金克木几位，年轻一些的也有莫洛、方宇晨、李瑛、杨禾、羊翚几位。"唐湜还在二〇〇三年出版的评论专著《九叶诗人："中国新诗"的中兴》中，特设一辑，有"莫洛论"和"汪曾祺论"两篇，亲切地称他俩为"九叶之友"和"我的友人"。而马骅却说：尽管唐湜在他的书里把我归结为"九叶"之友，而"七月派"对我的影响更大，我和"七月派"的诗人交往也比较多。……唐湜还想把我拉进"九叶派"，想把"九叶"变为"十叶"，后来这事没有办成，"九叶"没能变成"十叶"。

马大康说：我父亲与唐湜先生志同道合，情深潭水，我与唐先生却交往不多，即便有接触，也大多与文学无关，但唐湜的大名确是从小就熟悉，他不仅在中国现代文学史上据有位置，也是温州文学艺术界的一面旗帜。我一九六五年支边新疆伊犁，偶有回家探亲，听家里人说起他被错划为"右派"，从冰天雪地的北大荒回温州，又迫于生计，到一家建筑材料预制厂从事体力劳动，每天从早到晚拉板车。

“文革”期间，唐湜风里来雨里去，成为吃苦耐劳的建筑工人。他劳动时要穿黄马甲，一个圆圆的大大的“右”字印在黄马甲背后。唐湜拉着沉重的板车路过小学门口时，常常被一群小学生所包围，冲着他齐声大叫“大右派”，不谙世事的小孩都以为他是大坏蛋。他紧锁着眉头，双手使劲抓着板车柄，低头弓身加快脚步前行，一会儿消失在大街的拐角处。

“文革”期间，马骅任教于浙江师范学院（后合并入杭州大学），其政治生涯也大起大落、命途多舛，被作为“漏网胡风分子”惨遭迫害。他先蹲“牛棚”，从“牛棚”出来仍居校内，接受监督劳动，偶尔回到温州家中，唐湜就抽空来串门，进门就叫一声“老马”，把带来的文稿拿给他看。

那时，马骅的家人住在百里坊的马宅里，属于三房，紧挨朱彭巷。马宅是一栋有着三百多年历史的老房子，坐西朝东，占地约六七亩。走过正门，是五间两层木质楼房；中堂是一层木房，屋顶很高；老宅里有宽阔的长廊和花木繁茂的院落，是马家一代代孩子举行运动会、展览、春节游灯的场所。马骅一家生活在这个大家庭里，衣食都没有问题，而唐湜却生活贫困，食不果腹。马骅的妻子林绵见到唐湜，打过招呼后就到厨房里煮一碗大面给他吃，她知道唐湜食量大，面下得很足。唐湜毫不客气，见一碗大面端来，就低着脑袋稀里哗啦地吃起来。有时候唐湜过来串门正撞上马骅一家在用餐，受到邀请，便也入座动起筷子，林绵就把菜盘子推到他的面前。吃过饭后，唐湜和马骅会长时间交谈，话题很多，两人兴致盎然。老屋里并不亮堂，光线被厚厚的瓦片挡住了，但他们的说笑声很响亮。他俩所获得的快乐，就在这自由的相聚里，没有了这样的时光，心情就开始苦涩。

某一个暑假的一天，唐湜看着马骅房子里发霉腐烂的地板说：我厂里几乎每天有剩余的混凝土，可以拉几车过来把这里做成水泥地。果然，唐湜连续多天下班，用铁斗车把混凝土拉过来。从预制厂到马骅家，抄近路要半个小时，夏天傍晚的气温也在三十度以上，身材略显肥胖的唐湜大汗淋漓，衬衫也被汗水浸湿了。唐湜还熟练使用抹刀，把水泥地抹得平如镜面。后来，他干脆把马骅房子前的天井也铺成水泥地，在阳光的照耀下反射着流动的光。

马大康说：一九七六年，我父亲六十岁，在杭州大学退休后，长居温州，接着“文革”结束，改革开放开始，我父亲和唐湜先生都得到平反。两个回归自然的生命，虽然迈向老年，但更加寄情于诗文，潜心创作，上世纪八九十年代，是他俩著述丰盛的时期。两位老人也得到文艺界的尊重，一九九九年，都被浙江省作协授予“浙江当代作家50杰”称号，二〇〇二年，都被浙江省文联授予“浙江省有突出贡献的老文艺家”。两位老人还相约一起出游，置身于青山绿水之间，和煦的阳光之下，见大地葳蕤，见万物生光，他们一同吟唱诗文，话旧谈新，何等畅快。

每一个人都无法脱离时代而存在，而时代的前进又是由无数的个体共同来推动。我与马大康先生用了大半天的时间漫谈唐湜先生和他的父亲，使我深感这两位前辈既是危机四伏、历尽艰险的幸存者，也是百折不挠、奋力前行的伟丈夫；他们的魅力既来自于想象绮丽、脍炙人口的文辞诗章，更来自于豪情万丈、尊贵高雅的那颗灵魂。只有这两者结合在一起，才有动人的力量。

渠川（作家，唐湜的文友）：唐湜的诗歌还在，那些美好的记忆就不会消失

渠川与唐湜的认识，缘于温州市文联主管的《文学青年》（文学刊物）创作学习班。那时是一九八二年，渠川在温州市文联工作，任党组成员、办公室主任，他知道唐湜在中国现代文学史上的地位相当高，就请他来给学员讲诗歌创作。当时唐湜刚刚复出文坛，可以参加文代会，可以创作诗歌，但因长期遭受迫害，做事较为小心谨慎。当时的温州，像唐湜这样在浙江大学外文系正统学习过西方文学的几乎没有，不过，渠川认为唐湜如果入学西南联合大学，可能会更了不起，因为那里有一批名老师，如冯至、闻一多、李广田、朱自清等。九叶诗人中的穆旦、杜运燮、郑敏、袁可嘉都毕业于西南联大。

渠川一直对唐湜十分钦佩且心怀敬意，他说：唐湜敦厚、善良，书生气极浓，一眼就能看出是位没有一点坏心眼的人，令人疑惑的是，这样一位绝对的好人，温州文艺界有些人对他不够尊重，我觉得不应该。他口才不好，嘴有点拙，上课时课堂效果也不好。

唐湜比渠川大九岁，因此，渠川一九四七年考进燕京大学读书时，唐湜已创作了大量的文学作品，进入了浪漫主义的幻想天国，开始了叙事长诗和十四行的探索，并尝试着用一种诗意的散文来抒写评论。学生时代的渠川酷爱文学，也阅读何其芳等诗人的作品，却没有听过九叶派的那些诗人，尽管那些诗人在上世纪四十年代就站到了当时中国诗歌的前沿，写作规模和成熟度都呈加速度态势，有了杰出的成就。渠川说：九叶诗人的名气当时不怎么响亮，没有在文学界走红，是因为他们热衷于英美现代主义诗歌，沉醉在朦胧的色彩、古典的意象和罗曼蒂克的梦幻中，把欧洲诗人喜欢的十四行等引到中国，太洋气太冷门，曲高和寡，懂的人很少，欣赏的人很少，读者就很少。当时的中国知识分子，像徐志摩、何其芳、卞之琳等，才会关注九叶派的那些诗人，当然，“九叶派”的提法是三十多年后的事情。我们当时崇拜的大多是抗战诗人，比如田间和艾青，田间在艺术上追求平朴的描述和激昂的呼唤，艾青的诗作富有饱满的进取精神和丰富的生活经验。

渠川说：我知道唐湜一九五八年被定为“右派”后，经历了人生二十年悲剧，他在北方的风雪荒原里劳改，一定像掉进了孤独的深渊里，多么黑暗，多么哀痛。一九六一年他回到温州，家乡也并没有善待他，连永嘉昆剧团的临时工都不能做，只能在温州房管局下属的一个修建队劳动，干拉板车等体力活。他板车拉累了，坐在路边休息，听说屁股下面垫着一本莎士比亚的十四行诗，可见，九叶诗人受莎士比亚以及雪莱、济慈等英国浪漫派作品的影响有多深。

唐湜的生命，在苦难的浸润中结出特别丰饶的花果。他内心的悲哀、凄惶与煎熬，通过创作得到解脱，笔端之下是芳草萋萋，溪水潺潺。也可以说在他最困难、最无助时，是文学给了他温暖和抚慰。这正印证了英国作家毛姆所说的：“善于创作的艺术家能够从创作中获得珍贵无比的特权——释放生之苦痛。”渠川无限感叹：唐湜那些曲折回荡、富于感性又通于思辨的诗作，无疑比直接诉苦的诗句连缀更让人喜爱，像他的《幻美之旅》，把眼泪蘸于笔墨，绽放出不朽的优美动人的诗歌花朵。这真是一个高明的诗人，他像飞过长空的大雁，虽然带着苍凉和悲伤，却一往无前。

马骅恢复了党籍之后，唐湜有一次来到渠川家里，他“右派”的帽子已在一九七九年摘掉，是想让渠川帮助他恢复党籍，这时渠川才知道他在上世纪三十年代就加入共产党。渠川当时的心思全在创作《金魔》上，没有时间帮助唐湜，但心存内疚。二〇〇五年一月唐湜去世，渠川参加了他的遗体告别仪式，唐湜遗像两旁的主联是诗人屠岸的挽联：“沉冤廿载，硬骨铮铮不屈；斯人远去，诗卷煌煌不朽。”渠川说：是啊，今生就此别过，确有许多思念和不舍，但作品是作家生命延续的载体，唐湜的诗歌还在，那些美好的记忆就不会消失。

温锋（退休老干部、唐湜的学生）：他是一座高峰，足可高山仰止

岁月的脚步总是有条不紊，到了一九六五年夏季，温锋初中毕业后，参加了温州洪殿黎明大队主办的“黎二夜校”学习。夜校，顾名思义，即夜间上课的学校，温锋所在的班级约五十名学生，都是十七八岁的小青年，一生中最好的年华，他们因家庭成分不好、需要承担劳动等各种原因就读夜校，而温锋是家庭条件不好，读夜校省钱。无论出于何种原因，这一批青年学子在夜校中燃起了学习激情。

温锋与唐湜先生长达四十年的交往，就是从“黎二夜校”开始的。温锋说：一九六四年初夏，在永嘉昆剧团做临时编剧的唐湜先生被解雇后，赋闲在家，后接受“黎二夜校”创办人的邀请，前去教英语和语文，次年我便成了他的学生。唐先生当时身为“右派”，一个戴罪之人，曾在险恶的环境下劳动改造多年。但是，我和同学们都坚信他是清白无罪的。在人生命运的低谷中，唐先生依然温文尔雅，善良敦厚，旷达乐观，眼睛看人时有锐利的光芒，从文学里能获得无穷的乐趣。当然，唐先生口才不好，讲课时声调不高，语速较慢。从教学的角度来说，他不是一个好老师，不知道怎么教我们，一些学生上讲台都要教得比他好，实际上，他也没有教我们多少知识。但是，班级里每一位学生都尊敬他，钦佩他，引作楷模，视为偶像，有的还慕名而来，成为他的学生。这份感情是百分之百的，没有掺入丝毫的虚假。这是因为唐先生给予我们最大的教益是他的人格魅力，一种精神上的滋养，就像他的诗歌一样，是直抵人心的一种艺术。他教给我们如何面对苦难，如何遵从信念，怎样保存纯真、热情和希望。因此，我们把他理解成是一座高峰，不仅是文学方面的，也是人格、精神方面的，高峰能教给我们多少知识？却足可高山仰止。这样的老师，是少

有的。

唐湜也有表达流畅的时候，比如他与学生们说起自己大学时代的学习与成长经历，也会滔滔不绝。唐湜就读浙江大学外文系时，从西方文学中汲取了罗曼蒂克的梦幻和古典色彩的意象，阅读了莎士比亚、雪莱、济慈等文学巨匠的作品，在异国诗人们的引导下漫游诗的王国。唐湜在大学里有两位英语老师，一位是英国人，学生们私底下称他“番人老师”，他很喜欢唐湜，说唐湜英语水平提高快，翻译的语句生动有灵光，给唐湜的作业、考试都打高分。他教育唐湜学习英文无须一板一眼，文学翻译更要别具一格，既不同于原文，又不同于普通翻译，如铜、锡两种金属混合，成为既硬又韧的青铜合金。唐湜在“番人老师”的指导下一点一滴地领悟，在古今中外的文学世界里捕捉语言的高妙和思想的深邃，追求一种诗性丰盈的表达。另一位从牛津大学留学回来的英语老师，强调规则和习惯，并不喜欢唐湜，也没有给他高分数。那时正值抗战，师生们含辛茹苦地生活在龙泉山中，过着半饥半饱的日子，而外国老师在学校有特殊待遇，每天供应鸡蛋、牛奶、火腿、牛肉，“番人老师”常把唐湜叫过去一起分享。山间清风，江上明月，唐湜说起这些，充溢着纯粹的美好与感动。

温锋说：我是爱好理工科的，与文学远了一点，有些在文学方面有悟性的学生常围着唐先生问这问那，写一些文学作品给唐先生修改。在唐先生的影响下，许多学生爱好文学与英语，一九七七年恢复高考，没有系统学过数理化的他们居然考上了大学，就是因为语文考了高分。我们在唐先生潜移默化的影响下，学识、思想、境界都得到了提高，大家热爱学习，珍惜光阴，对未来有信心，走上不同的成功之路。

一九六六年“文革”开始，唐湜离开了“黎二夜校”，“黎二夜校”也很快停办。唐湜经学生介绍，到温州市房管所下属的建筑材料预制厂，干杂工。

我们的脚步劈开雪峰，
劈开山脉的云雾，密林，
云凝望山脊下彩色的虹，
呵，我们的希望在心涌！

我们脚下是一个星宿海，
飞扬着好一片云氣境，
我们心上有千山万水，
都奔向平铺的辽阔平原；

风雪从这儿开始旋行，
雾霭也最爱从这儿飞腾，
这儿是彩云飘息的家乡，
有雷声的窝，闪电的网！

唐湜

唐湜手迹

温锋与唐湜成了“忘年交”，时刻惦记着唐湜的艰难处境。有一次，温锋那位定居香港的舅舅给他寄来一本英文版的Othello（《奥赛罗》），白色的软皮封面，小开本，题目印在封面右上角，小巧可爱。《奥赛罗》是莎士比亚创作的四大悲剧之一，温锋心想唐先生一定会喜欢，就捧着书往唐湜家走。当他走到中山公园的中山桥边，看见唐湜正在桥边的林荫道上散步，就快步上前递给他。唐湜一看，欣喜不已，站在桥头翻阅，还情不自禁地读出声来。温锋见唐先生爱不释手，就让他带回家慢慢阅读或用于翻译，一直没有去要回来。

可是再美好的诗意，在狂风暴雨下也总会千疮百孔。一九六八年夏天，先是黑云压城，紧张的气氛笼罩着整个天空，接着，“破四旧”如狂风暴雨席卷温州城乡，许多家庭被抄，唐湜的心顿时像灌了铅一样。果然没过几天，戴红袖章的红卫兵以“破四旧”的名义冲进唐湜的家里，翻箱倒柜，除了事先藏到天花板上的文稿躲过一劫，还没有藏好的部分手稿和书籍以及一些文友赠送的字画被抄了去，装在一辆板车上，与其他家庭抄过来的东西一起，拉到人民广场，一把火全都烧成了灰。

温锋也是红卫兵，参加过“破四旧”，他见过许多家庭被扫荡，许多知识分子被凌辱，人民广场上一堆堆书籍、文稿、字画在焚烧，都要烧好长时间。他有一次参与抄家，见同伴指着几本英语书说：这些番书，全部烧掉。他脑子里突然闪现那本送给唐先生的《奥赛罗》，就说：这些是马克思的书，不能动。同伴说：哦，马克思的书，不能烧。

温锋回忆：有一天傍晚，唐先生突然来找我，压低声音说：我家里的书稿被抄了许多，在家人帮助下也烧毁了一些，还有几本你能否帮我保存一下？见他双眉紧蹙、脸色苍白、艰难凄苦的样子，我心中不禁涌起一腔伤悲，没有犹豫地答应了。当晚，他摸黑送来十来本厚厚的诗稿，交给我后就急匆匆地回去了。我草草翻看了一下诗稿，都是唐先生本人的手稿，誊写得工工整整，字迹细细小小，自成一体，流畅舒展。我当时住在老城区一间单层、木结构的老房子里，在这窄小的空间里找一处隐蔽之地并非易事。我看来看去，最后选择被报纸糊着的屋顶。我先把报纸揭下来，再把天花板撬下来，然后把书稿放在屋梁和椽子之间的空隙里，又重新钉上木板，糊上报纸。这过程说起来只有一两句话，做起来却是一个不大不小的工程，而且只能点豆大的灯，不能弄出惊动邻居的声音，我的精神处于高度紧张状态，时刻留意门外家犬的吠叫声。我从半夜三更忙到清晨东方露出鱼肚白，总算完工，我松了一口气，才发现全身被瓦片上的尘土弄得黑不溜秋，脸上和背上瘙痒难忍。我当时还是学生，父母都是普通市民，不会被抄家，却担心屋顶那又薄又软的木板承受不了那些厚重的书稿，如果哪一天塌下来，书稿被人发现，窝藏之罪也是不轻的。遇到风雨天气，我就更加煎熬，担心屋顶漏雨，书稿被打湿。就这样到了七十年代初，“文革”出现的“两派斗争”并进入武斗阶段，没有人去“破四旧”或关注文学作品是“香花”还是“毒草”，我也算是完成了使命，便把保存多年的书稿还给了唐先生。爱诗如命的唐先生看到自己完好如初的书稿，激动得喃喃自语，我已忘记他说了些什么，而他那双捧着书稿颤抖着的手，我记忆犹新。

苦难把岁月拉得很长，两年后，温锋工作了，建立了家庭，生活改善了，他记挂着唐湜的生存境况，几次去建筑材料预制厂看望他。预制厂在市区九山河附近的清明桥边，面积不到两亩地，主要生产水泥预制板，俗称五孔板，多做房屋之间的隔层板。唐湜见到温锋来看他，喜出望外，赶忙摘下草帽，放下裤腿，找僻静的角落聊天。唐湜胖嘟嘟的脸颊是黝黑的，双手是粗糙的，但精神锐气未曾磨灭，话语轻松而愉快，眼睛依然有锐利的光芒。唐湜说自己在预制厂工作并不劳累，二十来位工人都很朴素、善良，照顾着他，关心着他，搅拌与浇灌混凝土，运输预制板到建设工地，大家都抢着帮助他。工友们有空时爱听他高谈阔论，他讲地方戏里的故事，讲莎士比亚和高则诚，有些内容工友们一知半解，却听得津津有味。工友们懂得学问的珍贵，懂得对知识的尊重。唐湜与温锋坐在厂房一角聊了好一会儿，清风从院墙外吹了进来，拂在他们的脸上。这里真是一处奇妙之地，有一种互爱的温暖，又可以躲避外面的风浪。唐湜说，只是工资偏低，开始月薪二十多元，后来加到三十多元，因家庭负担重，还是入不敷出。温锋每次与唐湜告别时，都会塞给他五元钱。

唐湜一路走来，百般曲折，万分艰难，到了这里，进入一个避风的港湾，还有一份宽松、自由的工作。按照上面的要求，唐湜有时劳动要穿黄马甲，要被工人开批斗会，不过都是走走程序，点到为止。自由是唐湜生命中的活水，稍得滋润，心田里就会抽出绿芽，胸中的壮志就会苏醒过来，他念念不忘的还是写作，虽然写作给他带来受苦和灾难。他白天一边劳动，一边构思创作，到了夜晚，往往一觉醒来，灵感被激活，就在床上倚枕下笔，直到晨曦微露。就这样，他写出了缅怀往昔、瞩望未来的《夜中吟》；写出了波澜壮阔的历史叙事诗《敕勒人，悲歌的一代》和《萨保与摩敦》，写出了与友人一起游山玩水的忆念之作。他没有囿于一己悲欢来强调个人的蜗角之情，而是用大境界、大情怀，来抒写沉重的心灵之音和时代之声。

不料“两派”武斗不断升级，唐湜居住的楼房四周，枪声时断时续，密集时就是枪林弹雨，一家人的生命安全受到严重威胁。温锋听到消息后，带着唐湜一家，拉上一板车生活用品、书籍诗稿等，逃奔到市郊杨府山，住到温锋舅舅的房子里。这是一栋七间单层的老房子，温锋舅舅去香港后一直空置。大家七手八脚整理修缮一番后，居住起来很是舒适宽敞。房子周边是油绿的田地，树木生机勃勃，出门不远就是瓯江。唐湜每天早起，推开窗门，鸟鸣喧喧，在丝丝缕缕的江雾中阳光恍若银色的梦幻。他每去瓯江边，面对亘古奔流的江流和对岸的青山，总是凝神和浮想。一家人在这里居住了近半年，他完成了由近百首变体的十四行组成的历史叙事诗《海陵王》，成功塑造了统领六十万大军南下、饮马长江的大金国英雄大可汗与他妖媚而狠毒的爱妃珍哥。

人生逆水行舟，时间顺流而下，到了一九七六年，“文革”终于结束，而后，唐湜的“右派”问题得到改正，恢复了公职。屈指算来，他在预制厂整整干了十年。在这十年中，他写下了数量可观的诗篇，以连续五十多首十四行，来书写一代知识分子历史性悲歌的《幻美之旅》；用幽婉、感伤的叙事抒情诗句，来书写激情又缠绵的爱情故事的《划手周鹿之歌》；荡漾着一泓清凉的心湖，书写唐代诗人张若虚阔大胸怀和宇宙意识的《春江花月夜》；采取东方情调的意识流手法，还创作了历史叙事诗《边城》《桐琴歌》《泪瀑》等一批或气魄雄伟或柔情似水的心理现实主义之作。

生之艰辛，才有人之强韧和壮美。世事跌宕中，唐湜先生始终拥有一颗清澈透明之心；文学道路上，唐湜先生创作了大量堪称经典的留世之作。我与温锋、唐彦中（唐湜次子）一起，深情回忆唐湜先生。温锋最后要求，他虽然为唐湜先生做了一些好事，但像他这样的人还很多，就不必写他的真实姓名。我答应了他，我们交谈的这一天是二〇二一年三月五日，是学雷锋纪念日，我就给他写上“温锋”的化名。

书画家李成勋

茅子良

一九七三年，李成勋先生进上海书画（出版）社工作，是木刻雕版线装书组（简称“木版书组”）年初成立后，缺少毛笔写书版字请来的书手。社里任命我担任组长，还有两位副组长协助，负责找好的文本和相关设计，落实写字、刻版、印刷（这三个环节均需校对）、装订，同时培训年轻学徒等相关任务。经社出版革命组负责人、温州籍版画家杨涵（一九二〇—二〇一四，“文革”前后均在上海人民美术出版社，曾任副社长、副总编辑，编审）推荐老同乡李成勋，我们到上海益民食品一厂联系了解，他在做临时工，很愿意来从事书写工作。木版书的字要求写得规范端正、书风前后全书一致，他经过短期实践，颇能胜任，正式调入书画社。相继以小楷书写了《稼轩长短句》《楚辞集注》两部繁体字书稿，于一九七九年退休。

李成勋，一九一六年生于浙江温州。乳名阿松，字曼庄，号双屿山民、瓯江钓叟、田林老人、醉墨斋主。一九五四年定居上海，先后住在四

李成勋书写的《稼轩长短句》

川北路的昆山花园、公益坊、永安里，田林新村、闵行西渡莘城公寓。斋名待月楼。

一九二八年在温州城南小学毕业，辗转多处，拜师学画，受苏昧朔启蒙三个月。一九二九年在博远当学徒，一九三〇年在睡螺画社习画，一九三一年在美丰颜料店当学徒，一九三二年在务本印刷厂为绘图助理员。一九三四年九月报考进入上海美术专科学校，以考绩出色直升国画系二年级，师从刘海粟、潘天寿、黄宾虹、汪声远等导师，一九三六年七月毕业。因任钱庄职员的父亲病故，遵母命回家乡，一九三七年起，先后在温州美术画社、梧埏小学、瓯江小学、温中附小、模范小学任美术老师，相继在景贤、温州、建华中学任国画教师，后又在温州美术设计公司、龙门画室任设计师。擅长山水，兼工人物和书法。

全面抗战时期，曾参加当地抗日救亡活动，编辑《浙瓯儿童》月刊，创作抗战宣传画。解放战争时期，还掩护过共产党的地下工作者。

一九四四年，与人合办小型印刷所——成美印刷社，从事工艺美术设计。因作品深受欢迎，多年努力后，印刷业务日趋兴盛。以精湛技艺为当时大中华印刷厂赏识，后合股入厂，并任大中华铸字印刷有限公司经理。一九四九年更名为大明印刷厂，任副经理。曾在温州师范学校任教，温州美协成立时被推选为常务理事。

一九五四年七月来沪定居，以职业画家为上海、北京、福建等多家美术出版社的社外作者，到一九六六年十三年中，创作国画年画，画了六十多部连环画计五千余幅作品，代表作有《汉王东征》《彩楼记》《春香传》《苏六娘》等。

一九六八年进益民食品一厂，五年后调书画社（朵云轩）工作。所书写辛弃疾《稼轩长短句》四卷本，刻印刊行后，生活在天津的著名藏书家、后任全国政协副主席的周叔弢（一八九一—一九八四），“眼馋”以二十八元购阅，高度评价该书：“名为仿元，实是自成一格，写刻殊佳。”“此书秀丽精美，直欲上继康熙时扬州诗局之遗风，不禁惊喜。”曾致函上海图书馆顾廷龙馆长，转我社了解书手刻工姓名，并撰写题识，“以张其艺术之精湛”（书目文献出版社一九八四年五月，《文献》第三辑）。藏书家、作家黄裳在一九八八年第五期《人物》所刊《叔弢先生二三事》一文中，也充分肯定“这是一部写刻俱佳的精品，难怪老人要为雕版事业后继有人而高兴”。又于二〇〇〇年三月二十三日《文汇报·笔会》刊发《关于“自庄严堪”》一文纪念周老先生，文中再次确认：“此书确是精美的佳刻，在十年动乱中刻成，真是奇迹。”

李成勋退休后，于一九八三年一月受上海汪道涵市长之聘为上海市文史研究馆馆员。入馆后，热心参加馆员活动，每当文史馆举办画展或笔会，总是积极参与，精心创作。他经常说："美术最重要的精髓就是创新。搞艺术的，把大师的画模仿得惟妙惟肖不算什么，要有自己的风格才是最重要的！"著名美术评论家邵洛羊对其作品曾有评价："笔精墨妙，直逼元人。"

他将自己全身心投入于书画艺术。二〇〇二年，在温州举办了离开故乡五十年画展。二〇〇四年上海文史馆为他举办了个人画展。已耄耋之年的李成勋仍奋力前行，继续创作古代人物画和书法作品，尤以山水为主。二〇一三年岁末，在家中画一横幅山水人物的黑白初稿，次年加以敷色，署款"甲午初春曼庄作，时年九十九"。不久又挥毫作画，以两老者对话于苍莽山水树石间，景致滃翳，笔墨浑茫，落款"甲午年百岁老翁曼庄作"，成为百岁老人封笔之作。

在其晚年，二〇〇三年十二月上海书画出版社刊行《李成勋画集》，二〇一四年三月上海书店出版社刊行图册《大德必得其寿：书画家李成勋百年传略》。不久李老于五月七日驾鹤西去。

此后，上海书画出版社组织人花了四年多时间编图撰写《海上绘画大系》（二十四卷），二〇一六年于审读室阶段之任务紧迫，经联系李成勋女儿选用画作，因笔者赴广州参加会议，有关人员未及落实留下遗憾，近谨以此小文权作弥补和怀念。

二〇二〇年六月旧稿，二〇二一年十月改讫

文坛双璧夜市小酌

姜嘉镳

汪曾祺和林斤澜被誉为“文坛双璧”，最早是从程绍国的《林斤澜说》里看到的，恰如其分，两位都是短篇小说圣手。汪曾祺的《受戒》《大淖记事》是他的代表作。《受戒》写小和尚和一个叫小英子的小姑娘朦朦胧胧的恋情，被描绘得如诗如画，醉人心田。小说《大淖记事》书写小锡匠的儿子与挑夫之女巧云出于自然率真的人性勇敢追求自由爱情的故事，展现了大淖地区的风土人情，民俗世态似水若云，如诗似画的纯美世界。汪曾祺的作品被业界誉为“抒情的人道主义者”、中国最后一个纯粹的士大夫文人。林斤澜比汪曾祺小三岁，是同时代的人。林斤澜早在一九五七年第一期《人民文学》上发表了《台湾姑娘》，其题材和写法新颖独到，曾引起读者广泛关注。一九六二年春，由老舍主持的北京文联，举行三次林斤澜创作座谈会，专题讨论他的创作风格。粉碎“四人帮”之后，林斤澜数度回家乡体验生活，发表了一系列关于矮凳桥的小说，影响文坛。一九八七年一月九日汪曾祺发表了数千言的评论《林斤澜的矮凳桥》，并作为代序刊在程绍国的《林斤澜说》上，引起强烈反响。

汪曾祺和林斤澜在文学界除了名声大，过往甚密，两人还酷爱美食、饮酒，情投意合。

一九九七年五月初，我在北京开会，会后去看林老，问及汪老的情况，他说，昨天与汪老一起刚从四川开笔会回来。听说那个笔会是茅台酒厂赞助的，我就开玩笑，那你俩就醉在酒厂不愿回了。他打住手势慎重地说，不，这回我们都不敢多喝，汪老特别谨慎，他出去玩，都得两人扶着走。说也是的，两位老人都七十好几了，自然会有所约束。对于汪老让人扶着走，我已是见怪不怪。几年前他来温时，已是背脊弯弯，步履蹒跚，脸色蜡黄，言谈缓慢。我一直敬慕他生命力的顽强，他就是这样自不量力地东走西走，才有他不衰的力作频频面世。

不料，我回到温州的当天（即五月十六日），汪老竟与世长辞……

我与汪老接触，除了谈文学创作，最有兴味的莫过于谈吃和听他说笑话了。他常风趣地说自己的文章不如自己的书法，书法不如画画，画画不如烹饪。我没有吃过他炒的菜，但曾陪同他和林斤澜一起品尝过温州的风味小吃。

一九九五年十一月，时任中共瓯海区委宣传部长的黄培拉策划了金瓯文化周活动，特邀北京作家群前来做客。刚到的那天晚上，不知谁出的妙主意，邀请他们分头到夜市上吃小吃。我随瓯海的方志方、程绍国陪同汪曾祺夫妇、林斤澜夫妇（林夫人名叫谷叶，也是温州人，嗓音爽朗，体态肥胖，林老叫她阿叶，我们也跟着叫阿叶姐）到东南剧院对面的小吃摊上尝海鲜。菜是林斤澜和夫人点的，有醉蟹、花蛤、黄鱼、蚕虾、香螺、鮸鱼等，当点到盘菜时，他俩眼神一亮，大概这是一味故乡独有的菜，好久没有尝过了吧。林老用加饭，饮兴甚高，汪老有夫人在侧，未敢放肆，只饮少量啤酒。

加饭饮后，林老脸色泛红，眼神似有朦胧，大谈其与汪老的饮酒劲儿。汪老说与叶至善喝酒也很投机。我问，叶圣陶老人在家有没有管束儿子饮酒？他说叶圣公与家人饮酒很有兴头，用苏州话说，我们饮酒不以斤计而以吨计，逗得大家开怀大笑。叶圣公的话题又使我想起了汪老那个“多年父子成兄弟”的哲理，也许这种家风正是“平民士大夫”率真做人的风范吧。

在街头芸芸众生的氛围中，汪老敞开情怀，净说笑话。他说平生有两大奇事。一是“四人帮”当政时，因他写了样板戏《沙家浜》，让他这个摘帽“右派”登上天安门观礼台。林斤澜接着说，那时我们还在“五七干校”劳改呢，唐湜（九叶诗人之一）得知汪曾祺上天安门的消息，竟预测自己的“解放”有了希望，可见其政治影响何其大耳！其二，他的《沙家浜》京剧剧本居然在权威政治理论刊物《红旗》上刊登，也是前所未有的奇事。

关于演样板戏，他还说了好多笑话。一个东北的剧团演到杨子荣打进虎穴接受考验与座山雕对暗话，“防冷涂的腊，怎么又黄了”时，那演员杨子荣记不住台词，竟说“再把口红涂上”。还有一家剧团演出时，把阿庆嫂说成是“常熟城里有名的日本人”，此事非同小可，全场起哄，马上把帷幕落下。

林老说，一次维吾尔族同志在新疆请客吃饭，介绍汪曾祺是小说家，大家都很陌生，而一提《沙家浜》的作者“四座皆惊呢”。林老还说刘心武也怕别人提《班主任》那一壶。不过汪老这一壶和那一壶可不一样，《沙家浜》的台词的确写得精美绝伦。

小酌之后，每人再加一碗猪脏粉。阿叶姐吃得正有兴，林老指着她用温州话对我说，她在“天九王统撣”(温州方言，意为大小通吃)，笑得大家前仰后合。

那一次回味无穷的摊头小吃与汪老竟成永诀。时隔十二年，二〇〇九年林斤公（已进入耄耋之年，该称“公”了）也驾鹤西去。此刻只能品尝他俩的传世之作了。

《何典》中温州方言词例

金城濠

《何典》是清代一部借鬼说事的讽刺小说。编著者“过路人”原名张南庄，上海人。一九二六年六月，刘复（半农）将此书标点重印，鲁迅曾作题记。刘复序言里说《何典》是用上海松江方言写的，但也夹杂着一部分江苏南部和浙江东北部的方言。刘复又说：有位钱式芬先生，很仔细地同我讨论《何典》中的方言。刘复还抄录钱式芬的信共三十一条，有十四条提及温州话。关于钱氏行迹，温州文史学者陈瑞赞、方韶毅君有文，这里不赘述。

我作为土生土长的温州人看了钱氏解读觉得甚为确切。近重读《何典》发现远不止这么多处。值得研究的是温州和上海松江相隔千里，书里运用到的许多词语是如此的一致，但是令人费解的是在温州和上海松江之间的杭嘉湖宁绍地区，并不都流行这些词语，难道是方言岛现象，有待进一步研究。现将我认为和温州方言有关的词语选择分析，就正于方家。

一、《何典》：“拾蒲鞋配对”——温州话：“蒲鞋挈双成成对”

《何典》过路人序：“不过逢场作戏，随口喷蛆；何妨见景生情，凭空捣鬼。一路顺手牵羊，恰似拾蒲鞋配对。”

此前有人对书里的“蒲鞋”作过注：“松江农村至今仍有在冬天用芦苇花做的草鞋叫蒲鞋。”我想芦苇花如何搓绳做鞋，甚难理解。《老残游记》第八回：“好在我们穿的都是蒲草毛窝，脚下很把滑的，不怕他。”那蒲草毛窝是一种蒲草编成的深帮圆头鞋子，里面杂有鸡毛、芦花等物，宜于雪地行走。温州过去出产蒲鞋，它是一种叫蒲草的植物草茎破开编织成的。温州地处东海边，在大陆和大海之间有广阔的海涂，涨潮是海，落潮是陆。上面生长着许多动植物包括蒲草。蒲草也叫咸草，因为海水是咸的。也有人说这是可以做鞋的草，故称之为鞋草。在温州话里“咸”“鞋”同音。

蒲鞋比草鞋档次高。它有浅帮、短脸的鞋面，而草鞋只有底和几根鞋带。蒲鞋和草鞋一样很简陋，左右脚都不分。随便哪只和哪只都能配对穿着。所以温州有谚语：蒲鞋挈双成成对。鞋子当然是成双成对的，一家夫妇也应该是成双成对。温州有些男人听到别人祝贺新婚时，他会说，蒲鞋挈双成成对，自谦娶了个糟糠之妻罢了。挈：温州话拿着、拎着的意思。《何典》序里的“拾”也就是拿着、拎着的意思。温州话里的“成成对”意同“配对”。把现成的成语变化几个字使用，正是《何典》作者的写作特点。

蒲鞋曾是温州人的生活必需品，温州市区至今有个地名叫蒲鞋市，足见蒲鞋在温州曾经有过的辉煌。因此有关蒲鞋的俚俗语也很丰富。“蒲鞋夹拉扎下走”指的是节俭舍不得穿鞋走路，也有人说成“蒲鞋挈手里走”；“破蒲鞋，套丝袜”指的是搭配不当；“生意做折爻，扁担担裂

笔
记

爻，蒲鞋着甓爻”指的是运气不好事事不成功；“狗儿拖蒲鞋恁”比喻办事乱七八糟。温州还有个绕口令：“蒲鞋、布鞋、皮鞋；皮鞋、布鞋、蒲鞋”，一念得快，难免拗口。旁边的人就开玩笑说：你噼啊噗啊的，是不是拉肚子了。

《何典》里的“拾蒲鞋配对”和温州话的“蒲鞋挈双成成对”，竟是如此相似。

二、《何典》：“三家村死人出世”——温州话：“出世迟归天早”

《何典》：“五脏庙活鬼求儿　三家村死人出世”。

“出世”在中国古汉语典籍里本意是出生、产生的意思。晋王嘉《拾遗记·蓬莱山》：有大螺，明王出世，则浮于海际焉。《明成化说唱词话丛刊·张文贵传上》：便是西施重出世，好如妲己再还魂。在现代汉语里“出世”引申为超脱人世出家、出仕做官、问世等义，出生、产生的意思已经淡化。《何典》里的意思是出生，在温州话里保留了古汉语的词义：出世就是诞生。“七月半出世”，这是一句詈骂语，农历七月半是鬼节。有谚语：“人小嘴老，出世迟归天早。”

三、《何典》：“那阎罗王也不过是鬼做的”——温州话：“鲞鱼水做，阎罗王鬼做”

《何典》：“下界是阎罗王同着妖魔鬼怪所住。那阎罗王也不过是鬼做的。”

阎王是个家喻户晓的虚构人物，现代汉语里和他有关的俗语不少，诸如：“阎王好见，小鬼难缠”“阎王判你三更死，不得留人到五更”“阎王出告示——鬼话连篇”等。温州话：“人多嘴多，阎罗王多鬼多”“阎罗王还欠你小鬼个银”“阎罗王放你一日干千事”“阎罗王死爻冇人哭”“蜇鱼水做个，阎罗王鬼做个”。说阎王鬼做的恐怕只是吴方言和温州话里有。

四、《何典》：“造起三埭院四埭厅”——温州话：“住住三退屋”

《何典》：“村中有一财主，叫作活鬼。他祖上原是穷鬼出身。到活鬼手里，发了横财，做了暴发头财主，造起三埭院四埭厅的古老宅基来。”

“埭”，本义是堵水的土坝。《晋书·谢安传》：及至新城，筑埭于城北，后人追思之，名为召伯埭。在方言中有作动量词相当于“次”“趟”。《海上花列传》第二回：头一埭到上海。朱自清《吴歌甲集·西方路上一只船》：七埭高楼八埭厅。《何典》里是做名量词。

“埭”音“dai”在温州话里和“退”音似。温州人把房子院落像“曰”字形，称作“两退”。普通话里叫作“两进”。“进”是指纵深方向的门，每进去一院就是一“进”。院落像个“目”字，普通话叫作“三进”，以至“四进”“五进”“十进”，温州话叫作“三退”，以至“四退”“五退”“十退”。为什么温州方言“以进为退”呢？这绝不是什么战术伎俩，是温州话有倒着说的习惯。把猪口舌说成“猪口赚”，（忌讳舌和折同音）就是一个例证。温州话里还有许多委婉语，死了说老了等等。所以说把“进”说成“退”，这是一种特殊的语法现象。顺便说一下和温州毗邻的台州，他们把“曰”字形的院落称“两透”或“双透”，“目”字形为“三透”。相连的院落，前面的称“前透”，后面的称“后透”；里面的叫“里透”，外面的称“外透”。一个一个院落相连的叫

笔记

“透加透”。前后两个院子可称“前后透”。前后三个院子也可叫“前后三透”。在院子里找人，找来找去找不到时，有人可能会说“前后三透寻旋转，连个人影也望弗着”。台州好多地方还保存着所谓的“三透九明堂”。台州有些自然村因为有几进的院落、地名就叫双透里、三透里、前透村的。台州人为什么用这个“透”字？或许来源于温州话的“退”。《何典》里的“埭”和温州话里的“退”和台州话里的“透”，都是名量词。

五、《何典》：“半中年纪”——温州话：“半中拦次”

《何典》：“夫妻两个，都已半中年纪，却从未生育。”

“半中”这个词在中国古典经籍里可以看到。《金瓶梅词话》第二五回：两个打到半中腰里都下来了。元汪鑫七言绝句《春日》：“小立闲庭酒半中，一栏花露滴香红。”这个词现代汉语里不大用到，温州话里有用到：半中大，指的是不大不小；半中拦次：意指事情干了半截；半中拦腰，亦作半中腰，中途而止的意思。

六、《何典》：“雌鬼便端正几样小小菜”——温州话：“新娘间着端正起好里”

《何典》：“因活鬼的散生日，雌鬼便端正几样小小菜，沽了一壶淡水白酒，要替老公庆阴寿”；“只是明日就要起身，今日须当预先端正，省得临时上轿马撒尿，手忙脚乱的”。这里的“端正”作安排、准备解。

“端正”一词在现代汉语里一般作形容词、副词，如五官端正、字写得端端正正，又如冰心小说《我们太太的客厅》：陶先生很端正地坐在屋角的一张圈椅里。也有作动词用，如：端正学生的学习态度。但是词义已经没有作安排、准备解，温州话里端正仍有这个意思。譬如房子有些旧了，该端正一下了。明天人客来了，肴配要端正好来。不过温州话读音有变化音近“挡”字。

七、《何典》：“岂不是买咸鱼放生”——温州话：“买咸鱼儿放生”

《何典》:“如今年纪一把，儿女全无，倒要大呼小叫的吃甚寿酒，岂不是买咸鱼放生，死活弗得知的！”“便即买了一对昏头鸡，一块腿肉，几条放生咸鱼，一盘切只箍卖鸭蛋，教个毛头囡挑了。”

温州地处海边，方言里就有许多和海鲜有关的俚俗语：买咸鱼儿放生，点白蜡烛拜堂；买咸鱼儿放生——晓不得死活；咸鱼儿断爻沃是头；干事干咸鱼个头遢爻恁；白眼泥鰲也想吃大咸鱼儿。

八、《何典》：“七老八十”——温州话：“七十八老”

《何典》:“虽说是要养好儿三十前，你们两个尚不至七老八十，要儿子也养得及，愁他则甚？”

《何典》里的“七老八十”泛指古稀耄耋老人,温州话作“七十八老”，所指也是七八十岁的老人。有温州俗语:“七十八老，晓不得头脑。”《初刻拍案惊奇》也作“七老八十”。第十卷:赶得那七老八十的都起身嫁人去了。

笔记

九、《何典》：“游春白相一般，有甚不便当”——温州话：“鼻涕流嘴里过便当显”

《何典》：“形容鬼道：路程虽远，都是水路。坐在船里，与游春白相一般，有甚不便当？”

“便当”一词，古汉语作方便解。《老残游记》第一回：本日刮的是北风，所以向东向西都是旁风，使帆很便当的。“便当”一词现广泛在江南吴语区使用。

温州话：“吃糕儿恁吃吃爻——便当显”；“吃糕儿阿着澜配——恁便当”；“讲起卵卵配粥恁——便当显”。在现代，引进的日本料理也叫“便当”，不知与此“便当”有无关联。

十、《何典》：“船已出了阴沟”——温州话：“阴沟渎底船驶翻爻”

《何典》：“船已出了阴沟，到了奈河里，凑巧遇着极顺的鬼阵头风；艄公道：如今尚在阴沟里，七弯八曲的，一路风头弗顺，怎么使法”；“到得阴沟口头，只见经岸旁边，蹲着一只愤气癞团”。《何典》除了“阴沟”一词外还经常用“阳沟”一词。《何典》第三回：“摇小船阳沟里失风”；“何必海洋中，阳沟也失风”“你扯我拽，吃了一肚皮淀清阳沟水”“三个来到阳沟里，凑巧一只小船，傍在大船边，歇在那里”。

“阴沟”一词在古汉语典籍里有用到：元无名氏《神奴儿》第二折：我和你把这小厮埋在阴沟里。明徐光启《农政全书》卷十七：阴沟，行水暗渠也。

温州话里“阴沟”一词还是常用词：“阴沟里虾虮作何乜浪”“阴沟

洞里想吃天鹅肉”“阴沟渎底船驶翻爻”“朔门港只当阴沟渎”等等。在现代汉语里一般不用此词，以“下水道”代替。

十一、《何典》：“清水白米饭”——温州话：“媛子儿清水相显”

《何典》：“大家吃饱了清水白米饭，喊鬼囡跟了，一同来到船头”；《何典》第七回：“他就意懒心灰，遂把那章书卷起，收拾些老本钱，合个起家伙计，办了许多出手货、门市货、清水货。”

清水，在这里不是指清清的流水，而是作形容词，像水一样清洁。温州话有“清水扮像小旦，鏖糟扮人眙爻”；“清水坑个蛙蟆——不识深浅”；“打清水板儿”；“清水衙门水不清”；“清水相”指的是衣着打扮很素雅干净；“清清水水”指的是干净整洁，清清爽爽；”；“清水白渫”指的是食物不放任何作料，仅滚水一煮而成；“清水人儿”指的是爱整洁的人。

十二、《何典》：“把船撑一撑”——温州话：“尿裤棚也没你那么撑”

《何典》：“活鬼便教鬼囡替他把船撑一撑。鬼囡拿起撑篙，用尽平生之力，望岸上一撑；不道趁水推落，船便望着对岸直掼转去。艄公道：你这小弟弟，真是个笨贼！又弗是撑弗开的船头，何消用这瞎气力。你可坐下，如今不用撑了。”

“撑”的本意是用手去扶持。“撑犁”“撑篙”“撑杆”等等都是本义，即用手做一个舒展的动作。郁达夫《迟桂花》：她很迅速地跑上楼去取了一枝黑漆手杖下来，这是走山路的时候，用它来撑扶撑扶。“撑”后

笔记

来发展为其他事物的舒展。譬如：撑天拄地、撑眉努眼等。还引申出抽象的意义：撑门面、撑肠拄肚、吃饱了撑的等。还有引申为漂亮、美丽的。董解元《西厢记诸宫调》卷一：脸儿稔色百媚生，出得门儿来慢慢地行，便是月殿里姮娥也没恁地撑。元白朴《梧桐雨》第一折：行的一步步娇，生的一件件撑，一声声似柳外莺。元乔吉《两世姻缘》第二折：看了他容貌实是撑，衣冠儿别样整。

在温州话里，“撑”字还有保留本义的。划船温州人叫“撑船”；划船用的竹竿叫“撑篙”；说人腿长个子高，戏谑称他“磐屿撑篙”；不顺溜的叫“拗撑八撑”；不柔软的叫“硬撑八撑”；放晾衣服竿的三脚架叫“三角撑儿”；穿戴出挑的年轻人叫“撑客”；老三老四出头露面的叫“撑鳌高”；数落别人漂亮叫作“尿裤棚也没你那么撑”；还有俚语“宁可替灵人挈尿壶，不替呆头撑雨伞”。

十三、《何典》：“千拣万拣拣着了头珠瞎眼”——温州话：“拣过拣，拣个破灯盏”

《何典》第四回：“人家花烛夫妻，还常常千拣万拣拣着了头珠瞎眼。若是晚转身，越发不好拣精拣肥。”《何典》第一回：“拣日不如撞日，就是明日便了。”

“拣”字在《何典》里用到不少：第一回：“三个走进店堂里，拣个好座场，爬台搁脚的坐定；活鬼道，既到这里，岂可拣佛烧香”；“拣个好日，端正木石砖瓦，到势利场上来起造鬼庙”；第二回：“得钱弗拣主，钱多那怕蓦生人”；第四回：“词曰泪如泉，怨皇天。偏生拣着好姻缘”；“拣个总好日子到来做亲便了”；第六回：“偶然千中拣一”；第八回：“拣个入学日脚，来到鬼谷先生家住下”；“来到村里，拣个僻静所在”；第九回：“拣个人迹不到之所，隐姓埋名；”第十回：“只得拣着活路头缓缓而行”；“你只去拣中意，待我出钱便了”。

温州话有说“拣过拣，拣个破灯盏；寻过寻，寻个打赌人”，也有“拣过拣，拣个瞑瞎人”之说。“拣”字在温州话里用到不少：“买糯柿，总拣糯个捏”；“等你拣猪沙，猪也泻肚爻”；“会拣拣儿郎，不会拣拣田房”；“少年骑马放鹞，后生担笼抬轿，临老拣字纸住庙”；“一箬江蟹乞人拣过拣爻罢，还有何乜好个呢”；“拣佛烧香”。还有歇后语：“老鼠黄拣病鸡咬——欺软怕硬”；“落得海拣日——靠造化”。这里还有个四字成语“拣精拣肥”，这四字温州人常说。说句题外话，有意思的是清朝的吴敬梓著的《儒林外史》第二十七回也用到这个成语：“像娘这样费心，还不讨他说个是，只要拣精拣肥，我也犯不着要效他这个劳。”为什么？也许因为吴敬梓七世祖是温州人。

十四、《何典》：“吃甚寿酒”——温州话：“吃酒打竣”

《何典》：“倒要大呼小叫的吃甚寿酒”“那些闲神野鬼，都来吃清茶玩耍”。这里的动词“吃”在现代汉语里都用“喝”。但是在温州话里照样是吃酒、吃茶。“吃酒打竣”，用来指一帮酒肉朋友酗酒滋事为非作歹。温州话里的“吃”很丰富，譬如说：吃天光、吃日昼。还变化出许多和“吃”有关但是超出“吃”的本义的引申义，譬如：“吃惊吃吓”，有歇后语：“单个儿做客客（隐指出麻疹）——吃惊吃吓。”“惊吓”怎么能吃？担惊受怕的意思罢了。《何典》：“我们夫妻两个，一钱弗使，两钱弗用，吃辛吃苦。”“辛苦”怎么能吃？含辛茹苦罢了。

十五、《何典》："要替老公庆阴寿"——温州话："老公匄着一世爽"

《何典》："雌鬼便端正几样小小菜，沽了一壶淡水白酒，要替老公庆阴寿。"《何典》第四回："若嫁老公弗着起来，也是一世之事，将来弗要懊恼嫌迟。"第四回："倒不如嫁个晚老公，可以朝欢暮乐，靠老终身。"这里的老公就是丈夫。温州话也把丈夫俗称为"老公"。沈克成《温州话释义》："老公"是对丈夫的背称。温州谚云："面孔红彤彤，一心想老公。"温州话里还有："破老公，撕撕风"；"老公匄不着，匄渠怨一世"；"天光吃饱一日饱，老公匄着一世爽"；"新孺人起早爻得罪老公，起迟爻得罪公婆"；"一个女儿许十八个老公"。其实"老公"的称呼古已有之。《越谚》卷上："癞头婆，死老公，无法无天。"《水浒传》第二十四回："大官人怎么不认得他老公？便是每日在县前卖熟食的。"

十六、《何典》："到得阴沟口头"——温州话："巷弄口头儿"

《何典》里三次出现"口头"一词。第一回："到得阴沟口头，只见经岸旁边，蹲着一只愤气癞团。"第五回："雌鬼是做个财主婆的，向常钱在手头食在口头穿软着软，呼奴使婢惯的。"第七回："活死人见他口头这等馋法，心里想道。"第五、第七回的"口头"就是常见的词义专指人的嘴巴，和现代汉语无异。第一回里的"阴沟口头"里的"口头"指的是阴沟出口处。在温州话里"口头"一词表达出口处的很多："门口头儿"指的是门前，也转喻家庭的声誉；"巷口头儿"指的是巷口。

十七、《何典》："背上擐个长袋"——温州话："背背擐擐，麻油灯盏"

《何典》第五回："只见一个硬头叫化子，背上擐个长袋，手里牵只青肚皮猢狲，后头跟一只急屎狗，在门前走过。"这里明确了长袋是擐在背上的。第五回："今日倒要把个开口货擐在别人身上，只怕情理上也讲不下去。"这里的"擐"也可做"掼"字解，不过也是往背上去的动作。第一回："形容鬼晓得生了外甥，又是他撺掇去求来的，如何不喜。便即买了一对昏头鸡，一块擐腿肉。"这里"擐腿肉"指的是背部、腿部的肉。第九回："谁知他一味里饮酒作乐，把那军情重事，都擐在形容鬼身上，自己倒像是个闲下里人。"这里的"擐"是引申义，把责任往别人身上推。"擐"字现代汉语不用。

段玉裁把"擐"解释为"穿物持之"。学者王光汉《关于合肥方言"擐"的考释》所论，"擐"即"挎"的本字，"擐甲执兵"即挎上铠甲，手执兵器。他认为"穿物持之"的意思是持。穿只是持的前面动作。他说"擐"就是把物件从胳膊下挎过。照他分析把相当重量的"甲"挂在手上。"甲"是保护身体的防御器具，怎么会是挎在手上呢？

温州方言"擐"字，读浊音近似ga。这指的是大人反手把小孩放在大人背上，小孩双手扶着大人肩头。有俗语："背背擐擐，麻油灯盏。"如果用温州方言"背背擐擐"的"擐"来解释，甲是背在肩背上的，恐怕最是确切。

《汉语大词典》注释"擐"字有三种读音：作"贯穿；穿着"解时读huàn；作"系，拴"解时读juǎn；作"捋起"解时读xuān。也就是说《汉语大词典》对"擐"的读音、解释和温州方言完全不同。这可理解为《汉语大词典》不收温州方言"擐"字。

笔记

有机会词典重修，不妨建议加进此内容，也不失为温州方言对汉语言的一个贡献。

十八、《何典》："买鱼买肉，蒸糕裹馒头"——温州话"馅肉馒头实心包"

《何典》第七回："只得日日买鱼买肉，蒸糕裹馒头的弄来吃下去。"这里的"裹"字是动词，是把某种馅料包进面团里做成"馒头"。可见《何典》里所说的"馒头"是有馅的。馒头可谓历史悠久。据说诸葛亮进军西南，在横渡泸水时，祭奠河神。于是杀牛宰猪，包成面团，投于水中以示供奉。这馒头是牛肉馅、猪肉馅的。

《水浒传》里，武松在小餐馆吃饭的时候，看到妇人从后厨拿来一笼馒头，他顺手拿了一个掰开来，问人家这个馒头是人肉的还是狗肉的，那位妇人笑着回答："客人休要取笑，清平世界，荡荡乾坤，哪里有人肉的馒头，狗肉的滋味？我家馒头，积祖是黄牛的。"不管孙二娘卖的是不是人肉馒头，这样的描写也足以说明当时馒头是有馅的。

美食家苏东坡有诗句："天下风流笋饼餤，人间济楚蕈馒头。"他吃的是菌菇馅的素馒头。"彤弓亲射东山虎，细脔笼炊赐百官"，这是明代管讷诗。他吃的是虎肉馒头。馒头还被古人比喻为土坟堆。唐代王梵志诗云："城外土馒头，馅草在城里。一人吃一个，莫嫌没滋味。"作者把城里人在乡下的土坟堆比喻作馒头，把坟里的尸骸比喻作馅。这也证明在作者心里馒头是有馅的。但是在现代汉语里包子才有馅。打开百度查查说馒头无馅的，居然特地注明温州方言把包子说成馒头，把馒头说成实心包。温州人说的馒头的确指的是有馅的，和北方人不同。难道真的是温州人错了吗?不是的！最早的馒头就是有馅心的。《何典》也证明馒头是有馅的。

至于什么时候开始北方人把馒头去了馅的，我没法考证。但是可以断定："馒头"这个词的词义在变化。从古代单指有馅的（全国唯独温州方言至今坚强地保留这一解释），逐渐变成指有馅也指无馅的（吴方言里就是）。最后词义演变成专指无馅的（北方话乃至现代汉语普通话就是）。于是乎，保留最古老词义的温州话反而成了另类。至于什么时候出现实心包的我也没考证，只知道《儒林外史》第二回有这么几句："厨下捧出汤点来，一大盘实心馒头，一盘油煎的杠子火烧。"

温州人以吃大米为主，面食为辅。但是和馒头有关的俗语倒不少。

做馒头揉面时碱放多了蒸出馒头变黄被叫作"黄馒头"，喻一个人能力差，譬如"吃饭老司头，做事黄馒头"。有时候也说"黄馒头也有三出戏"。"馒头大，蒸笼小"，这是不可能的事，比喻办事不力梢架却拉得大大的。"只晓得和尚吃馒头，晓不得和尚受戒"，只看到别人享福，不知道别人的付出。"馒头山塌爻"，暗指老人去世。歇后语"蒸笼里个馒头——自高自大"。和馒头有关的温州俗语还有"馒头大不过蒸笼""一个馒头也着发剂""蹋拉蹋，馒头搭""头肿起馒头恁"等等。温州的地名有馒头驻、馒头巷。温州人喜欢给人取绰号，胖女人被叫作"馒头嫂""馒头玉"。长得标致的做馒头师傅叫作"馒头西施"。

十九、《何典》："真个是鬼烟凑集，闹热不过的"——温州话"拦街福闹热显闹热"

《何典》："且说那孟婆庄当初不过一个小小村落，甚是荒凉。自从孟婆开了茶馆，那些闲神野鬼，都来吃清茶玩要，登时热闹起来。日积月累，不觉成了个大鬼市……真个是鬼烟凑集，闹热不过的。"

这里的"热闹"和"闹热"是一个意思。这种词序颠倒的现象在温州话里比比皆是。温州话“五马街恁界闹热显”“该日是八月十五，瓯江边赏月的人多显多，闹热显”“该年该拦街福人来人往，闹热显闹热”。古籍经典著作里也有这种用法：《说岳全传》第八回:这里王家庄上准备筵席，挂红结彩，唤集了傧相乐人，闹闹热热，专等明日吉期；《水浒传》第三回：入得城来，见这市井闹热；《无声戏》第二回；就你一句，我一句，斗个不了。正斗在闹热头上，知府拜客回来。

二十、《何典》：“说了几回死话”——温州话“该人死话恁会讲，真幽默罢”

《何典》：“说了几回死话，正要坐地，形容鬼道:好佛在后殿，我们再到后面去看看。”“死”这个字无论在古汉语、现代汉语，原义就是生命终止。即使引申义也总是和消失、结束、绝望之类的有关。《何典》里的“讲死话”的“死”和人死了、狗死了的死不是一个意思。这里的“讲死话”是闲聊讲笑话的意思。沈克成、沈迦著的《温州话》一书：“讲死话：说逗人发笑的幽默话。”在温州日常生活中把幽默话说成“死话”，经常可以听到。某某人“死话”会讲显。某某人是搭讲死话哪，你听啊不用听。我没见过有词典收录过这种解释。“死”在温州话里有着与众不同的含义。譬如，高兴叫作“快活”，极度快活叫“快活死”。“你讲零头真好笑罢，人匄你笑啊笑死”。用极端的词汇来形容某一个现象，这也是温州话里一种特殊的语言现象。

二十一、《何典》：“无万大千”——温州话“无千大万”

《何典》：“往下一看，坑里都是夹弗断屎连头，无万大千的大头蛆在内拥来拥去。”温州话形容很多叫作“无千大万”。《何典》的作者改变现成词语拿来活用是他的特点。

二十二、《何典》：“起座鬼庙来还那愿心”——温州话：“起大屋，享大福”

《何典》：“活大哥快些起起庙来，我们都来烧香。”第二回：“要在这三家村势利场上起座鬼庙来还那愿心”；“村中那些大男小女，晓得庙已起好，都成群结队的到来烧香白相。”第三回：“活鬼命里既能白手误家，置田买地，造船起屋，挣做百万贯财主，也算是茄子大一个星宿了。”《何典》这头三回里的许多“起”字，都是“盖”的意思。温州话有个谜语：一株毛竹起三间，起起三间自担担。担快汤兴，担慢烟爊。谜底是馄饨担。这有三个“起”字。第三个“起”好理解：助词起来的意思。前面的两个“起”字是动词，温州方言盖的意思。

温州人把盖房子叫作“起屋宕”。有俚语“有福唔福，买田起屋”“后生发福，棺材当屋，老来发福，买田起屋”“大洋江海，起屋冇基”“三年冷饭买头牛，三年薄粥起高楼”“起屋雇个箍桶老司”“起大屋，享大福”“拆山门，起大殿”。

在《汉语大词典》里，“起”字罗列了六十四种解释，有解释谓“立起，竖起，扶起”，就是没有直接说明“盖房子”的“盖”的释义。在《何典》里多次出现“起”和温州话里经常用到的“起”是“盖房子”的“盖”意思。

笔记

二十三、《何典》：“顷刻剃了光光头”——温州话：“剃头老司该头着别人剃”

《何典》第一回：“随又斋供奉了别过老寿星，抱出活死人来，剃头人便把他兜头一杓冷水，拿起缸爿来就剃。真是冷水剃得头发落，顷刻剃了光光头。”

用刀刮去毛发，叫作剃头。古已有之。五代齐己《剃发》诗：“金刀闪冷光，一剃一清凉。”《红楼梦》第七回：“要剃了头，可把花儿插在那里呢？”现代汉语一般写作理发。

在温州方言中，“剃头”词组用到很多。理发师傅叫“剃头老司”。有俚俗语：“头日学剃头，碰着生胡佬”；“剃头担，单头热”；“剃头刀，两面刮”；“油漆不用学，剃头上剃落”；“剃头割耳朵——外行”；“剃头老司带徒弟——从头教起”；“剃头老司该头着别人剃”。

二十四、《何典》：“都将嘴骗舌头的来弄怂他”——温州话：“弄怂”就是“妆裹”的意思

《何典》：“那伙提草鞋公人，见本官软弱，便都便都将嘴骗舌头的来弄怂他。”“弄怂”是骚扰的意思，在温州话里也叫“妆裹”。沈克成、沈迦著的《温州话》：妆裹，同妆打。欺负人的意思。例：人生呆，一走出门，就被人妆打。“弄怂”也写作“弄讼”“弄松”“弄耸”，兴风作浪，挑动是非的意思。这个词温州话里有讲；在中国的古典文学里也能找到出处。《水浒后传》第一回：这两日是四月天，农忙停讼，没处弄耸，趁闲来此巡察，不想却好遇著阮小七一起人在此。《三宝太监西洋记通俗演义》第七十一回：他船上的张道士、金和尚都是甚么人？你怎么弄松得他倒？

二十五、《何典》："前头一张卵，后头一个屎孔"——温州话："仰搭一个卵，俯着一个臀"

《何典》第二回缠夹二先生曰："活鬼如今已不免下监下铺，吃打罚赎，弄得了家了命。反不若前头一张卵，后头一个屎孔，穷出狗而极出屁的人，尽管苦中作乐，不怕人啃脱卵脬柄也。"这段缠夹二先生的评语说的是：《何典》的主人翁活鬼本来也是很穷的，后来暴发了。有了几个钱以后"造鬼庙、搭鬼棚、做鬼戏，引得酒鬼相打，搅出人性命来了"，结果被抓进监狱，被打被罚，弄得没家没命。还不如过从前那样，前面只有一个卵脬（阴囊）后面只有一个屁股眼的日子。尽管苦中作乐，倒也不怕别人把你的卵泡柄（指阴茎）咬了去。"前头一张卵，后头一个屎孔"意指极其穷困潦倒。温州话俚语"仰搭一个卵，俯着一个臀"也是这个意思。

二十六、《何典》："穷出狗而极出屁"——温州话："冷不冷只抖，极不极只摸"

《何典》第六回："活死人……岂期闯入恶狗村中，又遭狗之不识斯文，只认做劣及人。"钱世芬说："及人，窘人也。譬如说：'他家里非常之及'，'及'作'窘困'解。——（此亦勉强可通，但须改作'极'字或'竭'字，乃妥。）"

除钱世芬上述以外，在《何典》中还有数处用到"极"字。第一回："但见中间塑着三尊拜灵的泥菩萨，当中是穷极无量天尊。"第二回："不免下监下铺……穷出狗而极出屁的人。"第五回："一日，又出去赌夜钱输极了。""刘打鬼只得极地爬天。"第六回："十几岁如花似玉的

笔记

娘故此极声出的乱喊。”第七回：“那臭花娘恨穷发极，便把他一记反抄耳光。”第八回：“极鬼便纠合几个同道中，来到村里。”这些“极”字，正像钱世芬说的均可做“窘困”解。

温州话里至今还有“苦极”作可怜解：“渠十二月还着单爿裤，真苦极。”“苦极人自有苦极佛保佑。”苦极相：一股穷酸样子。温州话里的“苦极恶人”指的是又可怜又可恶的人。温州俗语：穷勠穷头，极勠极裤；打赌输极钿，狗咬破衣裳；冷不冷只抖，极不极只摸；救生不救死，救急救不得极；有人，四季衣衫，极人，衣衫四季；有人，小钿变大钿，极人，大钿变小钿；人极爻狗也淘你气；人生苦极，出客该套衣裳，上茅坑也该套衣裳；有对有，手牵手；极对极，不交口；快活麻餈苦极饼等等。

明朝嘉靖年间温州永嘉场的项乔在《项氏家训》里写道：怎是孝顺父母？父母生子养子，劳苦万状，终身所靠着有子而已。人无父母身从何来？便是儿子十分孝顺，也难报这一恩德。每见人家无子的甚苦极，有子不孝顺的更苦极。

“极”古汉语里曾有过“困窘”“疲困”的意思。《孟子·梁惠王下》：“夫何使我至于此极也，父子不相见，兄弟妻子离散。”汉王褒《圣主得贤臣颂》：“庸人之御驽马……胸喘肤汗，人极马倦。”但是在现代汉语里的“极”，本义指房屋的正梁，引申指程度最高的，如“极品”“极佳”。转指最顶端的，北极、南极，也作副词表示最顶端。就是没有“窘困”这一解释。汉语言发展至今“极”词义已缩小。但是方言里仍保留古汉语的解释，所谓方言是古汉语活化石就是这个道理。

读孙锵鸣《黄婆行》

沈洪保

光绪十一年乙酉（一八八五），六十九岁的孙锵鸣掌教上海龙门书院。龙门书院西边有一座黄婆祠，他曾多次经过，而且有些感想。在光绪十三年丁亥（一八八七），七十一岁的孙锵鸣写了这首《黄婆行》诗。

> 黄婆祠在上海龙门书院西，仅隔一墙，乾嘉以来为布商会集之所，岁时祈赛，选舞征歌，游观之盛，甲于一郡。自番布盛行，远商不至，祠亦冷落，无有过而问者，为作此诗。
>
> 松江之布天下闻，滑如凝脂皎如雪。
> 裨夫贩妇辇金来，争入市门车脱辖。
> 齐纨鲁缟交驰名，北走徐淮南闽越。
> 泉刀流溢意气豪，黄婆祠里笙歌发。
> 黄婆不知何时人，白发荆钗青布裙。
> 来自何方莫可考，一廛托处申江滨。

络车机床出手制，日以纺织教乡邻。
清露落野碪杵勤，寒日入窗灯火亲。
开场列隧百货达，闾阎殷赈风俗醇。
传闻昔年香火盛，撞钟伐鼓秋复春。
自从番布入中土，诡技淫巧日相聚。
大邦缯纩无光辉，妖服斑斓满编户。
但知耳目悦新奇，不辨质地就良监。
女红失业半惰游，求免饥寒无处所。
祀事不修过问稀，蓬蒿没阶苔生础。
一物盛衰奚足论，太息人心不复古。
我来祠下数经过，西风落叶鸣庭柯。
手爇瓣香且一揖，帷帐缺落县丝窠。
曩时浩穰不再见，黄婆黄婆奈汝何?

这首诗不是很难懂，但有些字词也不大好懂，为更多地了解孙锵鸣的生平与思想，我试着把这首诗解释一下。

题目《黄婆行》。黄婆，又称黄母，即黄道婆（约一二四五—？），松江府乌泥泾镇(今上海市徐汇区华泾镇)人。宋末元初著名的棉纺织家、技术改革家。由于传授先进的纺织技术以及推广先进的纺织工具，而受到百姓的敬仰，并为她立祠纪念。她对元代以后棉纺织业的发展很有影响，在清代的时候，被尊为布业的始祖。行，不是行走的行，而是古代诗歌的一种体裁。此诗是七言歌行。七言歌行体出自古乐府，首创于魏文帝曹丕的《燕歌行》，而兴盛于唐代。是一种特殊体例，在诗题中常见有“歌”“行”的字样。如白居易的《琵琶行》。

此诗有个小序，序中先介绍“黄婆祠”在什么地方，并指出这“黄婆祠”是乾隆、嘉庆时期布商的会集之地。“岁时祈赛，选舞征歌，游观之盛，甲于一郡。”这句说每年春秋两个时节，会定期举行感谢黄婆保佑的祭典，挑选美女，征召歌伎，举行盛大的歌舞演出，来游览观看的人很多很多，那热闹的情景在一郡中是居于首位的。清道光十年（一八三〇），朝廷正式将其祠祭纳入祀典，规定由地方官每年春秋两季主持崇祀黄道婆的仪式。

“自番布盛行，远商不至，祠亦冷落，无有过而问者，为作此诗。”这里“番”与“洋”的意思一样，即指是外国的，外国人的。像瑞安过去把肥皂叫作“番皂”，把欧美白人叫作“番人”。鸦片战争后，随着通商口岸的相继开放，从国外进口的布被人们称作番布或洋布。番布与土布不同，番布因是机器织的，平整美观，而且比较便宜，而土布是手工织的，比较粗糙不好看，价钱也贵。人们觉得番布价廉物美，就纷纷购买番布，而土布没有市场了。在番布的冲击下，原来这里生产的土布没有生意了，远方的商人也不来采购了，这个纪念黄婆的庙宇也冷落无人顾问了。所以孙锵鸣感慨这个商情与形势的变化就写下了这首七言歌行体的诗。

诗的开头说：“松江之布天下闻，滑如凝脂皎如雪。”松江，即松江府，在今上海的西南部分。过去松江的纺织业很发达，松江的布天下有名，松江的布光滑得犹如凝固的油脂洁白的雪。“裨夫贩妇輂金来，争入市门车脱辖。”裨夫贩妇，指男女小贩。輂，有担、运的意思。车脱辖，是用“陈遵投辖”典。《汉书·陈遵传》中说陈遵好饮酒，常在宾客满堂时，关上门，把客人车上的辖取下投入井中，使车不能行，客不得去。后遂用“陈遵投辖”来喻主人好客。此句是反其意用之。说男女小贩带着资金来，争先恐后进入松江的布业市场都留下来不愿走了。清代叶梦珠《阅世编》载，晚明上海“棉布盛行，富商巨贾操重资而来市者，白银动以数

笔记

万两，多或数十万两，少亦以万计，以故牙行奉布商如王侯，而争布商如对垒。”

“齐纨鲁缟交驰名，北走徐淮南闽越。”齐纨鲁缟，古代齐国、鲁国出产白色的绢，后来泛指名贵的丝织品。这两句说松江纺织的布与那些名贵的丝织品一样有名气，远销到北边的徐州、淮安，南边的浙江、福建。“泉刀流溢意气豪，黄婆祠里笙歌发。”泉、刀，均是古代的钱币，代指钱币。说做布业生意的工商业者赚了很多钱，富得流油，意气风发。所以黄婆的庙宇里也经常传出吹笙唱歌的声音。

“黄婆不知何时人，白发荆钗青布裙。来自何方莫可考，一廛托处申江滨。”在当时大概只有民间传说，也没有多少文字记载，现在能查到的也只有元代的两条原始资料，它们都是当时寓居上海的人士所留下的，即陶宗仪《南村辍耕录》及王逢《黄道婆祠并序》的记载。他们都只极为简略地记叙了黄道婆的生平，而留下了许多未解之谜。陶宗仪的记载仅是“国初时，有一妪名黄道婆者，自崖州来”，并未言及她究竟是哪里人，也没解释她为何要从海南来到上海；王逢则稍明确一些说：“黄道婆，松之乌泥泾人，少沦落崖州。元贞间，始遇海舶以归。”现在《辞海》中也写“黄道婆(约1245—？)”，具体的生卒时间也是没有的。所以孙锵鸣说不知道黄婆是什么时代的人。他只看到庙宇里的塑像是白的头发上插着荆枝的钗，下边穿着粗布的裙子。他也无法考证黄婆来自什么地方，只知道她落脚在春申江边的一个村子里。孙锵鸣这样说也是符合实际的、客观的。一廛(chan)，古时一夫所居之地。这里泛指一块土地，或一处居室。申江，春申江的简称，即今之黄浦江。

“络车机床出手制，日以纺织教乡邻。清露落野碪杵勤，寒日入窗灯火亲。”这四句说黄道婆亲手制造出缫丝车、纺织机，天天把纺织技术传授给乡亲。夜里清露滴落田野，她不停地用棒槌在砧石上捣衣，寒冷天她不停地纺织，太阳照入窗里感到灯火那样温暖亲切。碪（zhēn），同“砧”，捣衣的垫石。杵（chǔ），槌棒。砧杵，亦指捣衣。

“开场列隧百货达，闾阎殷赈风俗醇。”汉代班固《西都赋》中说：“九市开场，货别隧分。人不得顾，车不得旋。”意思说，九个（很多）市场开放，货物衢道分摆，挤得路人不能回头，车子不能旋转。极力形容汉代首都长安商业市场的繁荣热闹。孙锵鸣这几句形容松江市场，开放很多市场，摆列道路边上，各种货物都到达这里。闾阎，原指里巷，这里泛指民间。殷赈，词义为丰富。这句说松江的人都富有起来了，而且风俗非常醇厚。“传闻昔年香火盛，撞钟伐鼓秋复春。”民间传说过去黄婆祠的香火很盛，从春天到秋天，一年又一年奏乐击鼓，热闹得很。

“自从番布入中土，诡技淫巧日相聚。大邦缯纩无光辉，妖服斑斓满编户。”但是自从洋纱、洋布进入中国以后，那些怪异的技术，那些过分精巧的东西，日日相聚一起。中国生产的丝绸、棉布的市场被冲击得失去了光泽，普通人家也穿起妖艳杂色的衣装。编户，指编入户籍的普通人家。

“但知耳目悦新奇，不辨质地就良监。女红失业半惰游，求免饥寒无处所。”那些时候，人们耳朵眼睛只知道喜欢新奇的，他们不善于察看分辨质量的好坏。这样一来，纺织女工失业了，几乎有半数女工闲着游荡了，想避免饥寒，但找不到一个工作的地方。女红，《汉书》颜师古注：“红，读曰功。”旧时指妇女从事的纺织、刺绣、缝纫等。

“祀事不修过问稀，蓬蒿没阶苔生础。一物盛衰奚足论，太息人心不复古。”黄婆祠的祭祀也不进行了，更很少有人过问祭祀的事了，黄婆祠的石阶与柱础边也长满蒿草与苔藓了。世上一种事物的盛衰是正常的历史规律，哪里值得去分析判断，我只是叹息人们的思想道德已经失去了我们的祖先流传下来的传统习惯和道德规范。

笔记

“我来祠下数经过，西风落叶鸣庭柯。手爇瓣香且一揖，帷帐缺落县丝窠。曩时浩穰不再见，黄婆黄婆奈汝何？”我多次经过黄婆祠，看到庭院中的树木在西风中落叶飘零。我只能点燃一炷香而且一拜来表达我心中的虔诚，我看到黄婆塑像前帷幕破落，挂满蜘蛛网。县，通“悬”，字义为挂。丝窠（kē），蜘蛛网。从前祭祀那样热闹浩大的场面再也见不到了，黄婆啊黄婆啊，你怎么办啊？

以上对这首诗作了一番解读，内容基本搞清楚了。接下我想再议论几个问题。

一、黄道婆的身世是一个谜。正史上没有记载，在其同时的元代仅陶宗仪《南村辍耕录》及王逢《黄道婆祠并序》中的这两条简略的记载。《清一统志》中说：“黄道婆祠在上海县西南乌泥泾上，道婆本镇人，初沦落崖州，元贞间附海舶归，教人纺织之法，利被一乡。”这话与王逢的话差不多，没有更多的信息。现在许多故事，都是民间传说，或是某些搞文史的人凭想象编出来的。其实，她的名字，也没有搞清楚。“道婆”两字无疑是后人对她的尊称。人所共知的，黄道婆是从海南岛来到上海后传艺的。她传授的技艺，徐光启（松江府上海县人，明末科学家、政治家）也认为使得原本贫瘠的土地“不蚕而棉，不麻而布，利被天下”。而且在历史上，有关黄道婆的传说与纪念一直都在上海地区，而海南从来没有人说过黄道婆。现在有一股为地方争名人的风气，海南也大说黄道婆，并说她是海南人，而且还有说是黎族人。海南还创作了舞剧到处演出，叙述黄道婆在海南的动人故事。现今出现了黄道婆籍贯之争、民族之争。那些搞文史的没有什么文字依据，全凭推理猜测，搞得沸沸扬扬，实在也是新时期的一种“有趣”的怪现象。

二、宋元之际，棉花传播到长江和黄河流域广大地区。松江地区是河口位置沉积，形成了沙质土壤，适宜种棉花。另外，松江地区初期技术比较落后，“初无踏车、锥弓之制，率用手剥去籽，线弦竹狐，置案间振掉成剂，厥工甚艰。”直到元贞年间，黄道婆将在海南崖州生活三十余年所学到的纺织技术带回家乡，进行改革，制成了一整套的扦、弹、纺、织等工具，极大地提高了当时的纺纱效率。她还变革织造工艺，用错纱配色、综线契花的工艺技术，织制出有名的“乌泥泾被”，推动了松江一带棉纺织技术和棉纺织业的发展，乌泥泾自此声名远播。这个情况倒是历史事实。

孙锵鸣是政治家，他关心国家的政治与经济，他思考国家的发展与变化。他有事功学派特有的政治敏感性，头脑清醒，为人正直，敢说敢做。他三十多岁在广西任职时觉察到洪秀全拜上帝教活动并准备造反的迹象，他就向朝廷上《广西会匪猖獗请饬严办疏》。原来清朝实行闭关政策，两次鸦片战争失败后，清政府被迫开放东南沿海和长江沿岸等地的通商口岸。国门打开以后，中国就成了英、法等发达国家的市场。近代松江地区棉纺织业衰落就是开埠通商后，廉价洋纱、洋布大量向中国倾销的结果。孙锵鸣看到民族工业的衰落而深感惶惑与悲哀。孙锵鸣写这首《黄婆行》就表露了他的忧国忧民的情怀，从松江棉布业的鼎盛写到衰落，并提出令人思考的问题。或许诗人联想到中国，也从强盛走向衰落，这“黄婆祠”好像是中国的缩影。从这首诗看，他仿佛已经感受到时代的不幸，民族的苦难。他的艺术的感知和独到的见解，给人以现实感，以时代感。这首诗没有艰深的字词，用典也不多，写得平实流畅，刻画形象，层次清晰，真是读其诗如见其人，读其诗可知其世。

结尾“曩时浩穰不再见，黄婆黄婆奈汝何？”这个重重的问号，简直又是一个时代的天问。

一份东大文学部中国人教师名单

钱志熙

在东京大学任教的时候，到图书馆浏览书册，看见工具书阅览室里放了不少校史资料。其中一套五大册东大庶务部人事科制作的《佣外国讲师、教师履历书》，记录东大外国人教师姓名、任期、任用单位、薪给等信息，便随手抄下文学部聘请的中国人教师的相关条目，后又简单收集资料，札记于其间：

> 张滋昉，清国人。
>
> 金国璞，明治三十一年至三十三年文科大学讲师，汉学，支那学。
>
> 张廷彦，文生员。明治三十三年至四十一年担任东大文科支那学讲师。住东京赤坂区青山南町二丁目六十六番地。

上述三人，都是东京大学文学院支那学讲座教师。据东大文学部的网页介绍："一八九〇年，东京大学文科大学开始模范欧美学制，设立讲座制度，其中汉学和支那语学设立了三个讲座。日本著名文学家夏目漱石、正冈子规正是这一年进入文科大学学习的。一九〇五年，东京帝国大学文科大学把汉学支那语学讲座改组成支那哲学讲座、支那史学讲座、支那文学讲座。一九一〇年，东京帝国大学文科大学正式固定化为哲学科支那哲学讲座、史学科支那史学讲座、文学科支那文学讲座的划分。第一讲座第一任教授是岛田重礼，他的继任者先后有重野安绎、星野恒、宇野哲人、盐谷温、服部宇之吉、小柳司气太、高田真治等人。第二讲座第一任教授是竹添进一郎，他的继任者先后有根本通明、市村瓒次郎、服部宇之吉（岛田重礼的女婿）、盐谷温、岗田正之、仓石武四郎等人。第三讲座第一任教授是张滋昉（讲师身份），他的继任者先后有宫岛大八、三岛毅、那珂通世、金国璞、张廷彦、白鸟库吉、服部宇之吉（兼）、宇野哲人（兼）等人，大多是当时学术界人文领域的大佬。"金国璞著有《官话指南》，东京文求堂出版。张滋昉曾为著名的正平版《论语》题序。正平版《论语》是日本后村上天皇正平十九年（一三五九）所刻的。西晋年间朝鲜王仁将《论语》传入日本，其时的《论语》是郑玄注、何晏集解。日本保存了这个古本，所以正平版《论语》具有特殊的文献价值，近来中日有多位专家对此进行研究。笔者曾亲睹此版本，可惜当时的研究兴趣，未注意及此，也未录下张滋昉氏的题序。

杨学伦，河北天津。昭和九年文学部教师。住东京麻布区三河台町六番地。

戴恩霖，河北北京，国子监恩监生合格，北京师范学校毕业。昭和七年至十六年文学部教师。

常荣，河北人，丁酉科举人。昭和九年教师。住杉并区马桥町

> 四丁目四十六番。
>
> 叶尧公，王钟麟，王化，博良兴，方化生。以上五人的籍贯、任期等资料失载。
>
> 谢婉莹，即谢冰心。昭和二十五年四月一日就任东京大学教师，并兼文学部勤务。月手当金（月薪）二千八百七十五圆，昭和二十六年三月三十一日契约期满解任。住东京都港区麻布本村町四十五番地。
>
> 陶晶孙，昭和二十六年四月一日就任东京大学讲师兼文学部事务。月手当金六千五十圆。昭和二十七年二月十二日死亡。住市川市菅野川外二零八零。
>
> 伍叔傥，浙江瑞安人，北京大学毕业。昭和二十七年九月一日就任东京大学及御茶水大学雇用讲师，中国文学担当，月手当金五万五千圆。时值东京大学左派势力兴盛，伍氏以思想落后而被东大学生所逐。
>
> 黎波，河北昌平人，从昭和二十二年至三十三年历任京都、东京诸大学外国人教师。在东京大学与御茶水大学同时担任中国文学课程。

以上人员，谢婉莹即冰心。陶晶孙也是一位名人，江苏无锡人，在日本读小学、中学，九州大学毕业，和郭沫若同学，娶日本人为妻，与郭沫若连襟，创造社成员，有《陶晶孙文集》。他回国后在无锡当地从事公共卫生事业，抗战时以其特殊的日本背景与日本军部周旋，做了一些爱国的事情，曾被误认为是汉奸。解放前夕去台大医学部任职，旋又赴日本，最后在日本去世。

伍叔傥（一八九七—一九六八）是我温州同乡，瑞安仙降人。早年从平阳宋恕、乐清诗人朱味温问学，与周予同、李笠等称瑞安十才子。稍长入北京大学文科。任教温州中学，一九二一年受上海圣约翰大学聘，此后先后在光华大学、广东大学、中央大学、台湾大学等校任教国文。一九五一年应日本东京大学（帝国大学前身）与御茶水女子大学联合聘请，专讲八代文学。这样说来，这位同乡前辈，与我在东大讲的课程都相近。一九五七年，又应聘任香港崇基学院教授，直至去世。著名学者钱谷融、杨勇都是他的学生。但好像著述不多，去世后有《暮远楼自选诗》行世。上世纪末香港讲学时，曾蒙中文大学黄坤尧教授赠予一册，诗集后所附《谈五言诗》一篇，于汉魏六朝五言阐述得十分精彩。我在选《二十世纪诗歌史研究论文集·魏晋南北朝卷》时将其选入其中。伍氏诗作专擅五言古体，采取胎息六朝的方法，近人这方面的成就，大概只有梅州古直可以与之相媲。与周予同早就如雷贯耳不同，伍叔傥在民国时虽是名教授，但因时易世变，并且著述较少，所以虽然我自己的研究方面也主要在汉魏六朝，但伍叔傥这个名字，则是我在东大外国人教师名册中第一次看到。这或许应该归咎于我的寡闻。但是从上面他的履历看来，他后来主要是在台港两地的大学中教书，所以我一直不知道温州有这一位名教授。当然，这跟这位老先生不太著述也有关系。近来有方韶毅、沈迦编校《伍叔傥集》出版，作为《温州文献丛刊》之一种。

黎波长期在日本任教，平山久雄、石川忠久等应该是他的学生。现在东大的几位教授藤井省三、户仓英美等都听过他的课。编过一些浅显的中国文学教材，我在神保町的松云堂书店里曾经看到过一种。

日本在明治维新之后，大学教育迅速发展，其中科学技术的教育，初期全赖聘任的西洋学者担纲，绝大部分自然科学的专业，最早的创始人都是欧美人。走在东大的校园里，常常会看到高鼻子、深眼窝、颧骨高耸的西洋人头像，算是这个岛国对这批西洋恩师的感激。但他们在日本大学里的身份，是雇佣者，正式的职名是外国人讲师，后来又称外国人教师。近年大学法人化之后，才用外国人教授、准教授等名称。文学部方面也聘请外国教师，尤其是他们的外国语、外国文学专业，一般都要聘请一两名外国人教授。上述的这张名单，就是明治以来聘请的中国人的名单。就如我国外教的工资高于本国教授的工资一样，日本当时也是以高于本国教授的薪水聘请外教的，因为西洋人当时生活水平高于日本人。但当年的中国教师的薪水，却是远低于西洋人。我看了与冰心同时的欧美籍外国人讲师的工资，是冰心的好几倍。他们的理由是当时中国的经济落后，相对生活水平低。后来改变了这种不合理制度，付给中国人教师与欧美人教师同样的薪给。所以，我一到东大，文学院的日本同事说我的工资，比同级的日本老师要高，一开始我感到很吃惊！后来明白是这个道理。当然其实还是他们高，因为奖金的关系。

上世纪七十年代末中日邦交恢复后，日本一些大学的中文专业又开始聘请中国语、中国文学方面的教师。东京大学所聘请的，以古代文学专业老师为主，先后聘请了暨南大学、复旦大学、南开大学的几位教授。八十年代中期后，固定地聘请北京大学中文系的教授。一直到二〇一〇年，因为东京大学体制的改革，暂时结束了与北大的这种交流关系。我第一次于一九九四年四月到一九九五年三月在东大任教一年。第二次，二〇〇五年十月至二〇〇七年九月任教两年。自东大聘请外国人教师以来，唯有两位中国教师两次受到聘请。我第一次任教的名称，仍是一直以来的“外国人教师”这个名称，第二次，日本大学法人化，我的职衔为“外国人教授”这个名称。这种名称的改变与我个人职称、水平等无关，是他们自己那里体制改革后的名称之变。名称虽然好听了，薪给反而有所下降，并且要自己出房租，学校只给少量房租补贴。这样子做，说是跟日本人教授同样的待遇。我在东大的正式岗位为大学院人文社会系研究科外国人教授，级别为教育职（一）5级。我迄今也没问过他们这算哪一级。反正，上课拿工资就是了。我经常看到一些人的履历表上，写着曾在日本某大学任客座教授。其实如上所述，在平成十六年（二〇〇六）大学法人化之前，在日本的外教人员，包括当年那些后来在东大立了头像的科学巨匠，压根没有享受过“教授”这个名称。你在中国是教授，人家当然也称你为教授。但据我所知，至少在日本，根本就没有过客座教授这种职称。长期以来，准确的名称是“外国人教师”。

回国多年，冷卷青灯似的东大外国教师生活，变得像梦一样遥远，偶尔翻到当时抄录的这个东大外国教师名单，缕述于此，算个备忘。

水巷悠悠

徐宗帅

上世纪四十年代末与五十年代初，我们都还住在永宁巷尾，是幢高墙大门台的洋房。父亲由永嘉县政府主任秘书到公署专员叶芳将军幕僚，也算有点权势，但除了祖父留下的楠溪薄田几亩，城里并没有房产，所以住房是租用了边间两层。唯一显贵的就是家里有辆黄包车，车夫是叫阿清的乐清人，一九四九年之后一直都还有走动。据长兄说，他坐过黄包车，按着铃响上路，特别有趣。我想与《城南旧事》的画面可能有点相似，一种民国风情。母亲说我出生在白累德医院，就是在已经拆除的温二中百年老楼。我有疑问，白累德医院不是在小简巷吗？后来对温州近代史颇有研究的沈迦先生给了我一个可靠的解答。温州二中原址为传教士创建的教会艺文学堂，部分建筑曾一度作为白累德医院的妇产科用房。我一九四八年年末出生，也算吮吸过西方文化的乳汁。

一九四九年五月之后，父亲北上集训，分配落脚杭州，收入锐减，家庭经济开始拮据。母亲独立操持家务，自然要先从房租上紧缩开支。杨裕生炭行的老板是母亲的永嘉北溪远亲，当时他北鹿巷三号的整座房子二楼大都空着，虽然低矮没有洋房明亮，但也还宽阔，更何况租金低廉，母亲当机立断搬迁。北鹿巷三号门牌其实是后门，已经不开的前门是在横路，南北连接永宁巷、七枫巷、打绳巷、北鹿巷，每巷相隔几分钟就到。门台不算寒酸，横披写着“紫气东来”，只是字迹已经斑驳。我们一家租用了二楼正间前后，中间和二间后堂，还有偏房小楼一间。房间多，三代同堂，也还适用。特别是小楼房间，母亲摆放了一台脚踩手推走梭的纺织机，家务之余，织布贴补家用。小楼房间向外开门，是一个相当精致的钢筋水泥小阳台，也是我们儿时的新天地。

阳台下就是南向从官桥头流过来的小河，经楼下厨房窗外往北直抵桥头内水闸。从内水闸到外水闸直至瓯江，仅百余米，但比内河宽阔，也深多了，并不设埠头。江河交接之处，鱼虾蟛蜞较多，我们用青葱蚯蚓垂钓，时有所获。河对岸是米厂，粮仓里堆叠的麻袋，爬上爬下，是捉迷藏的最佳地方。米厂边上有家烟杂小店，总有闲人在此谈古论今，间或嚼嚼舌头，也是街坊新闻集散地。

沿河朝向路面的房屋都店堂板开门，但开店的已经不多，除了一间裁缝店外，有一间出租用作白铁作坊，整天敲敲打打，将一张铁皮做成一只铁桶或蒸笼锅盖之类。当时倒没有烦噪音，还时有人驻足观赏。最吸引人的是一间窄门面的小人书摊。这户人家桌椅板凳，样样一尘不染，地面清爽得不忍踏进。小人书都加了护页，用毛笔工整写好书名，重新装订。单本的，上下册的，一套的，摆放得整整齐齐。女主人总梳着宋庆龄式的头，据说是基督教徒，儿子叫约翰，上中学的样子，能拉一手好二胡。男主人可从来没有见过。坐在小板凳上特别舒坦，看了一本又一本，总是将零用钱花光才走。与这家类似的是岭背大榕树下的孔芝林西药房。推门进去，不但窗明几净，柜台橱架上药瓶盒袋各就各位，老板衣着整洁挺括，

海坦山西北坡

头总是梳得一丝不紊，是西式的先生做派，一问一答，彬彬有礼，温和儒雅，买药也舒心。

西药店对过是下去坡度挺大的码头，特别是落潮时，靠岸扛货上来的人总会走得喘不过气。栅栏门又设有雨棚，盘根错节的大榕树下还有个粗陋的小佛堂，旁边的水果摊也兼营香烛，走江闯海的人祈求平安，烟火还是不断。夏天，瓯江是孩子们的乐园，就是在这个码头冲下跑上，埠石滩涂，帆船锚索，水中岸上，或顺水漂流，或上船跳水，会玩出各种花样。但乐极生悲，香店与我们同龄的男孩相武瓯江游泳溺水而亡，家长大为惊恐，小孩子也吓傻了，但严管没有多长时间，又开始下水了，一切照样快乐。坐在岭背山脚石墩上，将游泳裤往头上一套，嚼着甘蔗，从榕树梢头远望，江水滔滔，江心屿如轻舟逆旅，也算活神仙了。西药店周边是鱼咸店、烧饼店、南货店、小饭摊，高高低低，依山坡上下错落排开。挑担的，背原木的，熙熙攘攘，是一派世俗繁忙。现在岭背已夷为平地，高楼耸立，老埠废弃 ，安澜亭码头翻开了新的一页。沧海桑田是永恒话题，若能留下五六十年代岭背一带的风情速写或摄影，那将会有另一番感慨。

望江路还是杂乱的毛竹坦的时候， 望江旅馆是地标式的建筑。从水门头到港务局，空地上一排排挺拔的毛竹，十分醒目。除出售毛竹之外，还现场取材剖竹，又是工场作坊，制作各类竹器，如扫帚、蒸笼、竹椅、长梯，五花八门，成了竹业集市中心。制作的细节，师傅的手艺，交易的名堂，在孩子眼中都是新玩意儿。手艺人多，生意人多，比鼓楼五马城区的孩子，多了几分另类的体验，自然也长了不同的见识。一九六二年温州二中初中招了六个班，来自名牌小学的学生不少，但两个班班主席却来自名不见经传的朔门小学，怪不？野性也是竞争力。

永宁巷官桥头下的酒味店儿，仍是我拎着锡酒壶去打酒买盐等应急调料的地方。这家店地段好，依河石块垒筑，窗外正是一弯河道，柜台旁边又有廊亭，永不冷落。桥身都是长条石板，高挑空灵。坐在桥上石栏，临风瞰河，石埠楚楚，屋宇倒影，河岸同学金辉外公的几畦青菜，油绿油绿，小城风情十足。如果留下照片，不会逊色于周庄。从官桥头沿着温州二中校舍西边，河道时明时暗，宽窄不一，只要不是大旱，五十年代还能通舟出没。为什么叫官桥头，没有考证，就整条巷，豪门官邸较多，后来都被军人所用，成了部队医院的宿舍。

一九五六年就近入读打绳巷的朔门小学。当时周边还有天主教堂、福音堂与庙，庙里香火袅袅，时有道场。学校大礼堂，就是清空菩萨的大殿。几根柱子都要两人合抱，开大会上操时，柱子时常挡住视线，看不到主席台着急。同学们都住在附近几条巷，大都是平民子弟，家里开面坊、糖坊、棉花店的都有。北鹿巷与朔门街仅隔一排屋，后门出来，对门就是蜡烛店（前店后厂）、鱼咸店、杂货店，可以借近穿店去朔门街同学家。左面转弯角是独木店，紧挨着是豆腐店与杀猪场，往江边走是淋豆芽的棚屋、严信记油行与香店。惟独严信记油行是高敞的洋房，老板的小女儿还是我同学，长得特别洋气。打绳巷名副其实，简易的手摇制绳架沿路摆放，棕绳、麻索，粗细不一，长短不同，全都手工绞成，不少还出自女工之手。我们嘲笑制绳是“倒退生活”。打绳巷尾有间打铁店，放学回家路过也可时常留步。徒弟拉风箱抡大锤，师傅钳铁件执小锤。炉红火猛，师傅钳住铁件在铁墩上一放，大锤即落，小锤修整。如是铁钉小件，用不了几锤就成，如是铁器大件，还要回炉数次，烧红了再打。炉的火焰，人的动态，锤的节奏，很能入画。

市井气息最浓，还是离不开水井。杨裕生炭行老板屋外掘的公用井，很深，就我知道是温州最深的井。多少米，没量过，但旱季打水花的时间，与手里抓捏不住的一大把绳索，足以证明其深。当时工程之巨，投入之大，也是可想而知。这是我最早明白的公益。这口井保证了附近居民的日常用水，井边有完整的下水道。天气晴朗，洗漱被褥大件，都会一早搬来大木盆，抢占就近位置。有时人满为患，不免争吵斗嘴。早晨洗涮尿盆，在较远点的阴沟边进行，都约定俗成，热闹场面，难以复制。遗憾的是此井现已废弃，填满了土，还种了棵树，仅留下井栏。记得原井栏刻有文字，内容模糊了。现在也不见立碑说明井的历史，更忘了掘井人——民间公益人杨华卿先生。

饮用水，周边有三个水井可以选择。最近的是笼糠坦井，过桥，沿米厂屋沿进去，在堆笼糠成山的后院山麓。井不大，也不深，由于井壁是粗石所砌，水少露底时，也曾踩着石缝下去过，是清凉世界。大旱天，天天排长龙打水，水源小，为一担水，花整夜的时间是家常便饭。周边居民密集，人多水少，不得不舍近求远，移师白鹿庵井。离井不远斜坡边就是白鹿庵，里面阴暗沉闷，但井开阳，也较大，水源足。由于是僻远点，人也少多了。但井底乱石不平，水少时，铁皮小拎桶下去，很难吃到水，拉上来往往不到半桶。这个时候，还是干脆爬下去，刨底淘水为快，但得两人配合，一上一下，为了一担水。海坦山麓最优质水源还是天宁寺井。在永宁巷底温州二中池塘与天宁寺围墙之间，像是寺院与官府遗物，有点贵气。水质特别清冽，味甘沁人肺腑，是公认的上等饮用水。去挑水时，总会不失时机喝上几口。但是实在太远了，去的还是不多。有时也会奢侈一番，就是请担水客代劳，不过一担水要一毛钱，只能偶尔为之。同学瑞培的父亲就是这几条巷家喻户晓的大名人——担水客阿存。阿存个子矮，又驼着背，显得更小，但做事规矩，担的水保证来自天宁寺井，满桶不少量。为了不溢出桶外，每只水桶上都放了两片木板，锯成鲤鱼形，一路过来，水清鱼动，煞是有趣。阿存进屋倒水，一丝不苟，从不弄湿缸外。接钱致谢，总是一脸笑容。

五十年代后期，北鹿巷三号院子里住的人越来越多。二楼对门正间是

担水客　邵　度 摄

林先生一家三口。林先生是大地主，江北镇政府驻地就是他家的宅院，现在过江流落城里，租房蜗居。平时代客写信，逢年过节，总会在回廊搁板书写对联出售。有时兴来，会在旁观者前露几手，书写各种不同字体，龙飞凤舞，甚是得意。除了家里有与我同岁的女儿外，还有一个儿子在武汉工作，已有了孙子，听说就要回来探亲了，但迟迟不见人。那段时间，全家人的脸都是阴阴的，后来消息透露，儿子犯政治问题了，媳妇带着孙子走了，犹如五雷轰顶。林先生洁癖，上楼后在进他家门之前，总在楼梯口我家门外蹭脚，挺烦的，但每当居委会主任在楼下，厉声叫他名字的时候，心就软了。

房东经工商业改造，已无分文收入，全靠房租维生。除了紧缩自己住房，腾空出租外，又挖空心思将二楼中堂隔成一长间，租给乐清海员一家。一大班子女，不是哭就是闹，清静的日子没了。紧接着，道坦西边砍掉玉花树，又添盖了二层楼，天井越来越小，晒衣的水竹棚经常碰磕倒地。南边平房又住进了一位黄埔毕业的国民党军官，一头银发，人却笔挺，也是大家庭。怪不，在住房里间还搭了兔笼，专养长毛兔，臭气怎能容忍？正间是整座房子的脸面，门上红漆对联，房东让租，母亲都有点为之心痛。搬进来的是港务局搬运工人，劳动模范，还到过江心屿休养。娶的是贫家女儿，居委会的小组长，不识字，但讲戏文很有天分，一听，我就被粘住了。她儿子在银行工作，结婚时，来借过沙孟海落我上款的对联，挂一个多月，我也同意了。

十几户人家的大杂院，不但嘈杂不堪，而且吵嘴打架都领略过。由于是大户大院，也总会招引小商小贩，以及各类修补工匠。买卖如戏，工匠精神，天天有节目可看，如电视连续剧。

胸前搁着特制小货架的聋嘭雪花膏，戴着鸭舌帽，吹着小喇叭来了。当时老人梳理头发还用刨花状的料头柴，用麻线夹脸毛，雪花膏当然是最时新的化妆品。聋嘭雪花膏，不但送货上门，而且可以拿旧瓶盒零拷，多少不拘，方便实惠，颇受欢迎。

卖肉松猪油渣的吆喝声最为悦耳，虽是挑担而来，但像从戏台上下来一样。竹编圆盖筐，小巧玲珑，上漆扁担细长有形。白帽子白围裙，身段曼妙，娉婷多姿。如不买点，总会过意不去，更何况肉松猪油渣，味道真好！几十年过去了，想想，这个女子真不寻常。

对小孩最感兴趣的，还是糖儿担。一闻刀锤响，赶快跑回家去找鸡毛、龟壳与牙膏壳。还有燠槐豆，圆木桶里还热气腾腾呢。捧在手里，一颗颗，粉粉的，咸滋滋，几分钱的开销，半天的享受。糖人儿，属于高消费，买的少，看的多。小点心还有香饭糕与猪油糕，大点心就是馄饨。七枫巷矮人的馄饨担，时常落脚我们上间，每每都不会落空。他的老婆是送人姆（保姆中介），能讲会道，人缘特好。戏剧性的是他读大学的儿子娶的同学媳妇，居然是杨裕生炭行老板的女儿，成了亲家。当时还真开放，乞丐可以直驱而入，挨家挨户乞讨，给米、给饭、给钱，随意。化缘的和尚与尼姑来了，最难拒绝。卜卦的道士，神秘兮兮，在道坦里摆开阵势，一抛一勾，煞有介事，不像算命先生直白，侃侃而谈，总有明确答案。

市场宽松，小头生意有了用武之地。乡下远亲大妈，在学校门又不远摆着竹篮，放个竹罐，一分钱一罐山果子，招来不少学生。我有时也会免费享受一罐，酸酸甜甜，十分爽口。虽然很不起眼，长年累月，不但在城里租房能维持开销，据说后来积蓄不少，还买了金戒指留给后代。

六十年代初，缺粮少油，饥不择食，无奇不有。

烟杂店隔壁，一位精简下来的人，不知是敢为先，还是出于无奈，居然斗胆卖起了卤猪头肉。没有店面，就在家门口摆张小桌，置好厚砧板，将熟猪头按部位分切耳朵、鼻唇，脸面与舌头，就开张了。大都是五毛一块零星散卖，五毛钱没有几片肉。围观的人不少，大概看看也可以解馋，至今还没忘砧板上的一层油，那诱人咽口水的滋味。猪头肉真香，这过年时的特供品！生意还真不错，晌午即可卖光。有利可图，仿效群起，鱼丸鱼饼与烧烤其他品种，也相继在不同地点出现，这有点像市场经济的萌芽，气候一到就破土冒出。

瓜菜代，六十年代的语言，至今入选新编的《辞海》了吗？饥饿觅食，点点滴滴在心头，但可称今古奇观的，还是海坦山上开荒种菜。谁开的头，不知道，但群众自发，你家一块，我家一畦，蔓延迅速。家家堂而皇之抬着屎盆上山施肥，并不觉得有丢脸面，当然与几年前的为钢而战相比，已失豪情。当时父亲正在家养病，还以农家子弟的资格，亲临现场挥锄示范指导，说明此举光明正大。菜长得不错，但好景不长，园林管了，只得半途而废。在海坦山捉蟋蟀、捕知了与爬树玩耍，都淡忘了，而种菜却印象深刻。大凡是食为先，心知肚明。

行文至此，网上显示温州二中举办校庆的文告。温州二中地址为鹿城区水门头八号，与我心中的水门头，又有了交集。温州二中，一九六五年毕业一别，仅回去过一趟。多少年前的一个夜晚，站在老图书馆通往五爱楼小径的几棵老樟树下，才认定了方位，但已有些陌生。随着艺文学堂百年老楼的拆除，我在此出生的产房，班主任李一亮、陈德培先生的新婚洞房，种种历史痕迹，都已荡然无存。若纯属个人失落，尚可克制；但是一种文化，一种精神连根拔掉的撕裂剧痛，实在无法沉默。据说拆除还是在“文革”之后，反思拆除得失，或许才是校庆的真正内涵。

海坛山是家山

金　辉

家山，对于任何人都是圣山，如同青藏高原的喜马拉雅山，高耸入云，圣洁无比，难以忘却。海坛山便是我的家山，那里印刻着我童年的记忆。

——题记

海坛山与永宁古巷

若说海坛山，得先从永宁巷说起，而说永宁巷又非得从官桥头说起不可。

位于海坛山西麓的天宁寺，山门朝西，面对的是古老而悠长的永宁巷。永宁巷是进入海坛山的官道。古时候，文武百官赴天宁寺礼佛，不论是坐轿子还是骑马的，行走至官桥头，文官落轿，武官下马，换成步行至天宁寺。官桥头的桥名便由此而得。据记载，永宁巷历史上还有一座“永宁桥”，宋哲宗绍圣二年（一〇九五），在温州当过两年知州的杨蟠曾作《永宁桥》诗云：“过时灯火后，箫鼓正喧阗。三十六坊月，一般今夜圆。”读其诗如闻当年永宁巷的繁华，但至今尚不明确切位置，惟知夜间曾经的灯火辉煌，萧鼓喧闹。从官桥头到天宁寺路程不远，大约几百米，走几步也算一份虔诚，可亲民秀一番，如同明星走红地毯。

我就出生在官桥头桥边，而外婆家在桥的东南面，也算毗邻。十岁前，我在外婆身边生活过几年，那是上世纪五十年代初。外婆家算是座二进五间的院子，前后有道坦，不过仅拥有大院的一半，西墙外还有一块菜园，对着官桥头。在菜园里，可看到桥下流淌着从大南门方向悄然而来的河水，并在官桥头转个弯，流向正北，一直到水门头，入瓯江而去。河道转弯处，建有河埠头，种菜的外公傍晚时分从自家菜园里出来，站立在河埠头濯足，夕阳映照在他的白发上很是好看。桥头西首有家烟酒小店，打酱油的买老酒的顾客，进进出出，十分繁忙。老板姓陈，是位宁波人，热情好客，在他看来凡过店门口的都是客。儿时的我常与小伙伴在桥头小店看热闹，夏夜还在桥头纳凉，看人来人往车水马龙的风情。高高的桥上有栏杆，花岗岩桥板上刻有防滑的凿痕，典型的江南石桥。站在桥头，悠悠河水从脚下流过，可感受“楼台俯舟楫，水巷小桥多”的诗意。靠近河面的石缝里，偶然还有几只血红大螯蟛蜞在觅食，挥舞着大螯，显得傲气又滑稽。表弟陈鸣尧生性好动，常在临水的自家后门用竹竿钩钓蟛蜞，收获颇丰。如今官桥头消失了，是早些年随同河道一起被夷为平地的。而当年水道悠悠，桨声汩汩的官桥头风光，惟有到绍兴老城区八字桥景区方可看到，有似曾相识的感觉。今年绍兴八字桥景区的旅游，仿佛将我带到了儿时的官桥头。

儿时的官桥头，在去天宁寺路旁的南侧，有一条窄窄的河浃儿，优雅地横拦在住家门口，约一米宽，自东向西汇入官桥头下的主河道。因此，从外婆家出来，就得走过铺在河浃儿上的石板，脚下还响着欢快的流水声。河浃儿不深，浅可见底，仍有小鱼戏水，且成群结队。水中有的石头长着青苔，绿茵茵的。记得几位比我大的邻居，曾经从海坛山杨府庙，取来祭祀的海船模型，在河浃儿里随波逐流，造型与瓯江里的航船一模一样。那时没见过船模的我，真是开了眼界。“问渠那得清如许？为有源头活水来”。河浃儿的水是从海坛山流出，流过谢池湖，流到了河浃儿之中，营造了永宁巷水灵秀气，滋润华泽的气质。可惜的是，在我离开外婆家时，河浃儿填平成路了。

这里的水井，星罗棋布，滋养着附近的居民。被称为二十八宿井之一的永宁坊井、天宁寺古井等，更为名闻遐迩。永宁坊井，又称杨府庙井，六角形石板井栏。井边摩崖上刻有青石雕成的小佛像。经营陈益兴糖坊的主人陈芝声是我的大姨夫，居住在离官桥头不远的泗洲堂附近。他是位人高马大的汉子，性格开朗，幽默风趣，博得口碑。他家制作饧糖所需的山水就是依靠这口井。他几乎天天肩挑水桶，来回行走在海坛山麓至泗洲堂的路上。一旦遇上大旱，他还下井瓜瓢舀水，再集水成桶上井，以保糖坊运作。他非常孝顺，时常为我外婆家挑水。不仅陈家得益于甘洌的永宁巷井水，另有几家淋豆芽的人家，亦以井水养家糊口，维持生计。“担水客”阿存伯更是位传奇人物，他用双肩把这里的井水，一担一担送到邻近的百姓家，以此拉扯大了十一个子女，而且个个成家立业，五子徐瑞培还是我的小学同学。发小徐宗帅也曾居住在北首的洋房里，喝着这里的井水。他的父亲徐勉，还是政府机关的要员，应该是永宁巷里官职最高的公务员了。涓涓的海坛山清泉哺育了山麓民众，滋养了这里的千家万户。

海坛山与嘉福天宁

天宁寺对于永宁巷来说，如同一个剧本的高潮，也是永宁巷的灵魂。

天宁寺旧名为“报恩光孝禅寺”，意为顺应天意，保一方安宁，大约是北宋政和间改的。明初逆川大师受戒于此，后寺毁于火，其后数次重建，历经修葺，香火鼎盛，名扬海内外。温州民间一直有“外有护国、太平，内有嘉福、天宁”的说法。

我很小时便知道天宁寺是温州四大名刹之一，时常随同小伙伴进寺院玩耍。天宁寺的建筑宏大，大雄宝殿里释迦牟尼和形态各异的罗汉造型，营造了庙宇的庄严肃穆，在我们幼小心灵中也种下了对佛陀的敬畏。青石的柱子，高高的台阶，粉黄的墙壁，一派明清建筑风格。寺院里有一株枝繁叶茂的大榕树，格外引人，高大的树冠，足有三层楼高；树干也很粗大，若无五六人合抱是搂不住的。记得一位小伙伴从树上掉了下来，人昏死过去。我们吓得双脚瑟瑟发抖，不知所措。

嘉福寺在天宁寺的东面，相距不远，规模也不如天宁寺，但建于唐代，历史久远些。据章纶后人章育生、章小明称，嘉福寺边上曾建有明代著名诤臣章纶祠堂，坐北朝南，占地面积一亩九分，拥有二十一间，有专人守护管理。章纶（一四一三—一四八三），字大经，号葵心，出生于雁荡山麓南阁村。明正统四年（一四三九），章纶登进士第，获授南京礼部主事。景泰年间升任礼部仪制郎中。因“性亢直，不能偕俗”，“好直言，不为当事者所喜”，在礼部侍郎位二十年不得升迁。成化十二年（一四七六），章纶辞官回乡。后人于弘治辛酉（一五〇一）建祠，并塑像。如今祠堂没了，嘉福寺也没了，仅剩下嘉福寺巷地名。

从我们懂事时起，天宁寺便是营房，驻扎着解放军，营房里弥漫着浓浓的蒜味。这里的解放军都是南下的官兵，仍喜欢北方的大蒜。那时解放军与地方百姓关系密切，如同鱼水情深，因此进出永宁巷的部队马车，受到居民的爱戴。马蹄声中，淘气的小孩可以跳上马车，与解放军叔叔一起进入营房，在院子里玩耍。对我来说，印象最为深刻的是到营区看电影。

上世纪五十年代，看一场电影对于市民来说是很奢侈的消费，显然与我们小孩子无缘。记得我第一次看电影，并非在五马街口的大众电影院，也非县前头的解放电影院，而是在天宁寺部队营房的操场上。那时我们还没有上学，时常跟随表哥他们到天宁寺营房操场看露天电影。当时的营房没有高高垒起的围墙，我们小孩子进进出出，如入家门，十分随便。每当夜幕降临，大我几岁的荣坤大哥便告诉我：今晚天宁寺有放电影，我们一起去。电影是在露天操场上放映的，操场边上插着两根毛竹竿，白色银幕就挂着竹竿上。放映机摆在操场当中，亮着一只灯，映射到银幕上，把操场映照得通明光亮。毕竟是露天电影，若是有风吹过，银幕便鼓了起来，银幕上的画面也随之变形。解放军官兵排列整齐地坐在地上，我们小孩子只能坐在银幕的后面观看。因此，影片中的人物形象总是反的，举起左手，我们看到的是右手。不过，这已经是很好的享受。记得第一次看《鸡毛信》就是在营房操场里看的。今天想起，还有《翠岗红旗》《赵一曼》等老影片。

后来天宁寺部队营房成了解放军一七医院，管理正规严格多了，还打上了厚实的围墙，但围墙里的电影照旧放映，依旧吸引着我们。每当听到有放电影的消息，官桥头附近的小伙伴互通信息，好像是去共享大餐似的，兴奋无比。几位表兄表弟个子高，力气大，比我强多了。当操场上灯光暗下，喇叭里响起歌曲时，表兄们便搭成人塔翻墙进入。我个子小，又文弱，时常是表兄陈荣洲在下，用力将我托起，陈荣桂表弟在上，使劲拉我上墙，然后跳入操场，蹑手蹑脚潜到银幕背后……

后来一七医院改名一一八医院，我们也去上学，再也不可能翻墙去看电影了，但那时的美好印象永驻我心。

一百多年前温州老城的格局，海坛山历历在目

海坛山为风水宝地

其实，天宁寺只是海坛山的配套工程，其主体海坛山才是演绎了温州文化的万般风情，体现了温州古城厚重的文化底蕴。

海坛山，踞于温州古城东北，山上有海神庙，庙前有祭海神坛，故称海坛山。虽然山不高，海拔为三十二点五米，面积也不大，只六点五七公顷，然而山石傲立瓯江之畔，抵潮汐汹涌，安江中狂澜，犹如安稳的泰山般，保了一方平安。

海坛山为温州古城九山之一，与华盖、积谷、松台、西郭等诸山，布列如同北斗星座状。确实是一风水宝地。东晋明帝太宁元年（三二三）置永嘉郡。建城之初，相传堪舆大师郭璞提出跨山筑城，海坛山列为其中，又因濒临瓯江，海坛山成了“斗城之口”。

登临海坛山远眺，滔滔瓯江如练，江面百舸争流，帆影点点。向西望去，江心屿双塔雄峙，东塔上端绿树，如绿云氤氲，堪称“江中蓬莱”。山的正北面也有两座塔，为罗浮龟山、蛇山的双塔。文天祥诗里所写的“罗浮山下雪来未”，据说指的就是这个罗浮山。据传，古时候的瓯江比现在要宽阔得多，明代永嘉瓯北的马岙、珠岙、罗浮一带还是一片汪洋，为江水所覆盖。瓯江沿岸居民靠江吃江，以江为生，为了祈福避灾，最大的愿望是“建庙山巅，祠海神以镇之”，从而历史上海坛山上庙宇林立，香火甚盛，令人神往。

据弘治《温州府志》记载，南宋“咸淳间，海坛岭下江沙忽涨，人以为异”，未几，温州历史上出现了第一位丞相——陈宜中。后来的明万历《温州府志》记载：“童谣云，海坛沙涨，温州出相。宋咸淳间郡人陈宜中、皇明宣德间黄淮、嘉靖间张孚敬大拜，皆如验”，而且至今仍有“海坛沙涨，温州出相”的谚语在流传。

其实，海坛山可一分为三，西北为海坛，南麓为慈山，中央为中山。海坛山的西南山麓除天宁寺、嘉福寺外，还有温州二中的校园。那是我的母校，我对这里的一草一木不仅熟悉，而且还倾注了青春的激情。校园里的参天樟树，绿荫如伞，当年艺文学堂留下的西洋建筑和“三好楼”“五爱楼”等建筑，构建了母校的形象，只是曾为图书馆的西洋建筑被拆而惋惜至今。读书时，因校园毗邻海坛山，在我们眼中仍把海坛山看成是校园的一部分。上世纪六十年代，我们班级的同学从操场的后门上山，参加海坛山园林的改建，用我们的双手平整了山坡，清理了旧坟地，园林工人还种植了桃花。每当春天时节，山坡上的桃花盛开，一片粉红，恰似天上飘落的彩云，为我们的青春添加了几许浪漫。放学时，我们还成群结队到摆放着高射炮的山坪上玩耍。山腰附近还有堡垒，几乎全陷入地下，只露出射击的洞口，也不知是民国时期留下的，还是后来建造的。

伸到江边的海坛山，当年有一条高高的山岭，路旁开设着各种商铺，非常繁华，人们称之为“岭背”。古城朔门与东门以“岭背”为界，岭西为朔门，岭东为东门。“岭背”虽然消失了，但故事还是不少。一九四五年，胡兰成化名张嘉仪避难温州，也曾经来到海坛山。他在《今生今世》写道：“十五日到海坛山，看庙戏。山下即瓯江，一埭街密密排排都是海货与竹木米粮杂货的行家栈家，瓯江的水平堤，直要打上店门前来。”他描写的就是海坛山的“岭背”。

跨过高高的“岭背”，走过喧嚣的安澜码头，紧挨海坛山的便是高殿。高殿又称大禹王庙，大约是北宋雍熙年间所建，但到了我们读书时，高殿已改为新码道小学，我的几位初中同学就是从这里毕业的。如今这里已经改建成赵尔春广场。一九六三年十二月二十七日傍晚，海坛山下的上岸街发生火灾，刚从上海调入温州水警区通信站当电话守机兵的赵尔春，为抢救国家财产和人民生命，不幸身负重伤，次日凌晨光荣牺牲，年仅二十三岁。为纪念这位英勇无私的伟大战士，传承他的爱民精神，一九八四年，温州四万名共青团员自发捐款为赵尔春在海坛山塑像，时任国防部长张爱萍上将亲笔题写“爱民模范赵尔春”七个大字。为民做过好事的，将永远被人们记住。

海坛山的前世今生

人称“弄巷百晓”的陈荣桂，对海坛山的前世今生了如指掌。他说，当年天宁寺的山门开设在如今温二中校园南大门边，大门边还有一池湖水，称为谢池湖。至于取名谢池，是否为纪念太守谢灵运不得而知，但是作为放生池是肯定的。不过，谢灵运留有《郡东山望溟海》一诗，这里的“东山”指的是海坛山。我想，他可能拾级登临过海坛山。

谢池湖旁边就是五灵殿坦，现改建成温二中“三好楼”。走过“三好楼”，有一座杨府庙的山门，可直达杨府庙。一九七三年杨府庙旧址建造成国际海员俱乐部，当年杨府庙大门外的那棵大樟树仍浓荫如盖，见证了当年的历史。杨府庙供奉的是杨府君，又称杨府神，民间也称杨府爷，是温州地区主要的信仰神祇之一。杨府殿紧挨着海神庙，且仅一墙之隔，杨府庙可能是在海神庙之后建的，因而常将两庙合二为一，现在看来海神庙为官方，杨府庙则是民间的。根据夏鼐先生一九四七年一月三十日日记，他在返乡回温期间，在海坛山杨府庙发现了北宋元丰三年(一〇八〇）海神庙残碑。此碑不仅有关于台风灾害气候的专业性描述，还纠正了《宋史》的错误，非常有价值。但是夏先生所说的“杨府庙”还应是海神庙。

从杨府庙山门下山，有一石阶山道，直通永宁巷。听家母说，当年杨府殿养有几只黑色山羊，每天早上从杨府殿出发，路过天宁寺，走过官桥头，直至永宁巷口再回到杨府殿。沿途信众得知山羊经过，便把供佛的香烛，挂在羊角上，由山羊带到山上，以表心愿。山羊将高高在上的杨府君与民间联接了起来，仿佛更加缩短了永宁巷与海坛山的距离。

海坛山山麓，不仅有海神庙、杨府庙、天宁寺、五灵庙，还有白鹿庵和悟真道院等。白鹿庵至今还有香火，就在温州二中北大门东首的水门底，是为纪念东晋郭璞的建城功绩而建的。据说，郭璞提议建城时，一白鹿衔花穿城而过，遂将郡城命名为白鹿城。而白鹿庵几经败落，还曾改建成小学，名称为“跃进小学”。听这样的名称便知是大跃进时代的产物。那时我们小学生口头语中流行着“跃进小学破学堂”，其实当时多少新办的小学都是如此简陋。可是，这里也曾经培养出一批学生，也为社会做出了自己的贡献。这里还有一井，名为白鹿庵井，是古城二十八宿井之一。该井水质可口，井水冬暖夏凉、暴雨不溢、大旱不干，目前仍在使用。

南麓还有慈山，当年有位同学就居住在那里，离他家不远处建有南宋叶适先生的墓冢。有时我们也来到叶适的墓冢前瞻仰。叶适（一一五〇—一二二三），字正则，号水心，南宋著名的政治家、思想家和文学家。先生墓冢坐北朝南，周围筑有青石栏杆，馒头式墓冢前立有一方青石墓碑，刻着阴篆碑文，很有气派。其实早些年墓冢场面还要宏大，从山下保生宫一直到半山腰的墓地都有石阶，两旁是石马石将军，还有牌坊。我们年少时，对叶适先生知之甚少，只知道他是一位南宋的大学问家，祖籍龙泉，后迁瑞安，晚年居郡城松台山下生姜门外水心村，人称他为水心先生。如今人们将永嘉学派代表人物，为永嘉事功学说的集大成者，温州文化的一个亮点，而且不断深入人心。

最近，鹿城区计划将海坛山打造成永嘉学派公园，这是很好的设想。永嘉学派是温州文化传承的基因，如果将海坛山打造成永嘉学派公园，那么叶适墓则是这个公园的核心，应该把保生宫旧址附近的神道重新恢复，直达海坛山，使海坛山文化来个再提升。

海坛山在温州人心目中不仅小巧玲珑，美如碧髻，也是非常神圣的，我更视为家山。著名篆刻家张索写过不少的诗，不乏佳作名句，如“半生未识是家山”句，大家都很赞赏，并以此句称他为“张家山”。其实，我与张索亦有同感，对海坛山知之甚少，惟视海坛山为家山。

二〇二一年九月十九日

失序时代的日常秩序

——读《孙宣日记》

陈瑞赞

孙宣（一八九六—一九四四），字公达，号朱庐，浙江瑞安人。孙宣其人，知者甚少。但若说起瑞安孙氏，在近代史上却鼎鼎有名。瑞安孙氏从孙宣祖辈开始发迹，孙衣言、孙锵鸣兄弟在道光年间中进士，孙衣言官江宁布政使、太仆寺卿；孙锵鸣官翰林院侍读学士，以重宴鹿鸣加侍郎衔。孙衣言之子孙诒让，专攻学术，成就极高，被誉为清代经学的殿军。孙家在瑞安建有玉海楼，与宁波天一阁、杭州文澜阁、湖州嘉业堂并称浙江四大藏书楼。孙宣是孙锵鸣之孙，孙诒揆次子，孙诒让从侄。孙宣青年时期即离家远游，一九一七年受聘于北京大学，任校长室秘书兼《北京大学月刊》事务员，协助蔡元培整理《越缦堂日记》。一九一九年秋入西北筹边使徐树铮幕，随其出兵外蒙。一九二七年入北京政府礼制馆任职。一九二九年应张伯英之邀，任黑龙江省志局协修。一九三三年应王蕴章之邀，至上海正风文学院任教。一九三五年五月赴兰州，在甘肃省政府委员兼财政厅长朱镜宙手下任事。孙宣卒时，年仅四十九。

谢作拳整理的《孙宣日记》，由几个部分组成。第一部分为民国八年十一月二十四日至二十六日的三天日记，在温州市图书馆的馆藏目录里被题作《徐又铮手评孙公达日记》，是孙宣在西北筹边使公署任职、随徐树铮第二次出使库伦时所作。记录了徐树铮在同乐园宴请蒙古王公喇嘛，并为前任西北筹边使陈毅饯行的情况。孙氏将日记抄出呈送徐树铮，徐氏阅后，亲笔做了批改。第二部分为民国十九年至二十年的《晴翠馆日记》，略有残缺，皆旅居北平所作。第三部分为民国二十一年的《宜楼日记》，全年完整，八月以前仍旅居北平，八月中旬还乡。第四部分为民国二十二年一月至八月的《淞滨横舍日记》，本年正月至五月，孙宣受聘于上海正风文学院，闰五月辞职回瑞安。第五部分为民国二十三年的《甲戌日记》，缺九月至十一月，皆家居所作。五部分日记加起来，为时共约四年零一个月。

日记最独特的价值，在于它的私人性和日常性。《孙宣日记》除了第一部分比较特殊外，其余基本上都是对私人日常生活的记录。读书是孙宣日常生活中最重要的事，《日记》中随处可见读书的记录。就规模而言，《孙宣日记》当然远不能和李慈铭的《越缦堂日记》相提并论，但若就其中的读书内容来说，则不妨认为《孙宣日记》是《越缦堂日记》的具体而微。因为孙宣早年曾协助蔡元培整理《越缦堂日记》，所以他的日记与《越缦堂日记》类似，也不足为奇。笔者粗粗统计了一下，《日记》涉及孙宣所读书约一百四十种。孙宣读书之勤奋，完全可以用“手不释卷”来形容。《日记》所载书目较偏向于史学和子学，可能与孙宣的工作有关。民国十九、二十这两年，孙宣主要从事《黑龙江志稿》的编纂，兼任北京大学的讲师。出于修志的需要，他系统地阅读史部典籍，且经常去图书馆查阅资料。他阅读《盛京志》《各国立约始末记》《尼布楚考》《中俄界约校注》《黑龙江记》《平定罗刹方略》《胪滨县图》《额尔古纳河图》

孙宣、李瑾如夫妇合影

《满蒙丛书》《东华录》《元秘史》《朔方备乘》《黑龙江边界图案》《勘界议案》《黑龙江勘分西界图表》《额尔古纳河勘界详图》《呼伦贝尔志略》《瑷珲县志》等书，显然就是出于修志的需要。民国十九年，孙宣受邀到北京大学讲学。当年二月二十七日的《日记》载："下午胡愚若壮猷来访，北京大学以讲学相邀也，且致伯年之意，意殊恳恳，不得辞。"（第二八页）伯年即陈大齐，一九二九年九月至一九三〇年十二月代理北大校长。邀请孙宣到北大讲学，可能是陈大齐的主意。孙宣所讲课程的名称，《日记》未见记录。考虑到陈大齐原为北大哲学系教授，孙宣也应该是在哲学系讲课。在接受邀请半个月后，《日记》第一次提到讲课之事："早起诣大学，讲晋代清谈。"（第三三页）此后陆续有"讲杨朱之学""讲葛稚川之学""讲刘子玄之学""讲《史通》"等记录。孙宣的讲课内容类似于学术思想史的专题，他阅读《管子》《庄子》《抱朴子》《淮南子》《说苑》《史通》等书，大体与在北大讲授的课程相应。

古人的读书方法，往往以校为读。孙宣出身于藏书之家，其伯父孙诒让又是考据大家，可能是在家庭中自幼养成的习惯，他也喜欢校书，而不作泛泛浏览。他读《越缦堂文集》，"校其讹异，遂至日昳"（第二六页），可见用功之细。《半岩庐遗集》为邵懿辰所著，孙宣从邵懿辰之孙邵章处获赠此书，读过之后，给邵章寄回"《半岩庐遗文》校字两纸"。其余以"点阅"或"校阅"的方式读过的书至少还有《礼记》《小尔雅》《汉书》《史通》《庄子》《淮南子》《白虎通义》《楚辞》《介庵集》《视昔轩文稿》《碧梦龛词》等。孙宣花费精力最多的，是编校祖父孙锵鸣的遗稿。《日记》从民国十九年二月十五日第一次出现"校先祖诗稿"，此后不断出现"校先祖诗""校先侍郎公遗集""校先侍郎公遗稿""校理先侍郎公文集""校先祖诗稿"等记录。搜集、校订先祖遗稿的过程使他感慨良深："荏苒十载，得搜采者廑止于是耳。"（第一六三页）编校考订的艰难亦使他有力穷之叹：“校先祖诗题，岁月不可考，编次殊非易耳。此一册诗，手校数十遍，仍恐有误，然亦无可致力矣。”（第三〇三页）这一编校工作最终完成于民国二十一年十月初七日：“夜校先祖诗毕，即以此为定本，它日幸再得者，附之而已。”（第三〇五页）孙锵鸣的《海日楼遗集》，最初为其子孙诒棫所辑。孙宣历时逾十载，增补诗文五分之一，将《海日楼遗集》重编为十二卷。《温州文献丛书》第一辑中的《孙锵鸣集》由胡珠生整理，于二〇〇三年出版，其诗文部分即以孙宣编校的《海日楼遗集》为底本。

购书、读书、校书、著书、教书……构成了孙宣日常生活的基本框架。但与《越缦堂日记》一样，《孙宣日记》里也记载了不少听戏狎妓的娱乐活动。在旅居北平时期，孙宣和友人频繁作“北里游”。如民国十九年正月二十日：“晚赴体仁之招，饮芳湖春。……饮后偕张、姜诸君作北里游，过鹣嬚茗话。”（第一五至一六页）同年十月十五日：“晚赴叔诚之招，饮泰丰楼，招伎侑觞。今夕来者六七人，果无出凤姝右者。凤姝闲静而气清，此盖天禀之异耳。饮后偕叔诚诸君过北里数家。余与竹铭诣听凤姝鼓曲，深夜归。”（第一一三至一一四页）孙宣的北里之游，几乎总是与朋友宴聚结合在一起，往往是宴散之后，再到妓院中继续茶话或听曲。北里之游既是娱乐，也是交际。在年轻女子的侑觞助兴之下，妓院成了旅居文人组织沙龙的最佳场所。孙宣在离开北平之后，即不见有类似的活动，可见所谓北里之游，乃是故都文人所特有的交际文化。对故都发达的色情娱乐业，孙宣既享受，又不无反省。他在民国十九年正月初十日的《日记》中写道：“晚赴诚之之招，饮广和居。饮后偕诸子作北里游。余非寡情者，然入北里，往往向壁独坐，唯观他人之嬉笑耳。自管子设女闾，后世妓院益以繁盛。妓亦人之子女也，美恶良暴，固不可不辨，而其习俗之移人，甚矣以吾所知，交游中其受困于妓者，不可胜数，抑何故哉？”（第一一页）这段话的意思颇为复杂，总体上可以看作是孙宣对内心理欲交战的省察。孙宣并不否认各人的情欲（“余非寡情者”），但认为如果一个人因狎妓而使自己陷入困顿，是极不明智的，并引友人的教训为戒。同年二月十七日又写道：“叔诚觞客于北里，谢之勿往。子厚颇以为异，殊不知我有心事也。此时非吾辈行乐，鼙鼓动地来矣。”（第二六页）“鼙鼓动地来”是孙宣对中原大战即将爆发的预言。因忧心时局，他谢绝了友人的邀请。

二十世纪三十年代的北平虽已失去首都的地位，但文化娱乐生活之丰富，却很少有城市能比得上。除了听戏狎妓之外，孙宣对电影、交谊舞等时髦玩意也颇为热衷。电影是孙宣观看新世界的一扇窗口。电影让他感叹“欧俗奢靡，令人心醉”（第八一页），又让他看到了“空中交通及火星之探险”以及“居处饮食之机械化”，从而惊诧于西方人的“怪诞非夷之思”（第一九一页）。《孙宣日记》关于学习跳舞的记录在他处难得一见：“余习舞逾月矣，每与舞，辄自觉不能合拍。盖初从德国妇学，妇步速，而舞场中则皆缓步者，余步既速，不能复缓，遂失其舞态。近渐知之，仍未尽改。果再历兼旬，或当进也。”（第一四〇页）刚学会跳舞的孙宣，虽然舞技尚生疏，但对这一娱乐项目却表现出了浓厚的兴趣，经常和友人在舞场流连至深夜始归。他还劝朋友去学跳舞：“叔明用脑力过甚，余劝学舞蹈之术，以为娱乐。盖余有深感焉！不知余者率以趋时相讥，然余岂趋时者哉？余游舞场，诚存我理学精神也。”（第一四二页）孙宣把跳舞视作脑力劳动的调节，甚至上升到保存“理学精神”的高度，以此来回应所受到的误解。

但时代的更迭和动荡，也在不断地侵入孙宣的日常生活秩序。《日记》常从报纸上转录新闻，尤其在重大的历史时刻，更会完全聚焦到外部发生的事件上来。比如在中原大战前夕，《日记》不断对时局走向做出猜测，在分析了双方的军事动态后，认为“大战殆非可免”（第二五页），而过了十天，又说：“报载蒋中正还奉化扫墓，而豫鄂间战事亦无消息，此中或别有所酿变与，殊不解已。”（第二八页）同样，在“九一八”和随后的淞沪抗战期间，《日记》的内容也充满了对时局的关切。日常性与大事件的对照，是《孙宣日记》的显著特点。孙宣因有从政的经历，故对时局和政治人物都有相当成熟的观察和评论。兹举一例。孙宣对蒋介石素无好感，曾将蒋接受基督教洗礼比作洪秀全（第九八页），又将蒋乘中原大战胜利而召集国民会议，谋取总统大位的行为称作“项城之故智”（第一三六页）。但在宁粤对峙中，孙宣却明确站在蒋介石一边，对于蒋顾全大局、“始终以团结对外为指归”的姿态颇为赞赏，同时怒斥汪精卫等人不顾外患日亟而热衷于内斗，“逞一己之私，遂昧天下之计，抑何傎哉”（第二〇七页）。凡此，都可以作为有趣的时评来读。

孙宣对时代的透视绝不仅限于政治事件，各种“天变”、灾害乃至社会风气的变化，同样引发他的关注，而且这类记述更能让读者体会到孙宣内心的紧张。“风气”向来是中国知识分子观察世界的最直接的指标，对于孙宣来说，如今的世道正朝着不明确的方向滑落，而他的日常秩序，也因此显得摇摇欲坠。《日记》中随处可见有关社会风气的评论。在“游厂甸”时，孙宣因难以忍受书贾恶气而大发感慨：“此廿年来富儿俗子，贪名好胜，遇物取置，遂致然耳。”（第二四一至二四二页）访购古书本属文人学者的乐趣，如今却受“富儿俗子”的污染而丧失了往日的风雅，书商也都变成了市侩。孙宣虽曾在北平、上海的学校任教，但对学校教育却不见有多少好感：“十年来教育亡矣！男女相征逐，遂废学问而崇衣饰。群居终日，教者不知其所以为教，学者益无以为学，人心日敝，可哀也已！”（第一〇九页）这还不是最令人担忧的，面对风起云涌的学潮，孙宣所言更为沉痛：“国家岁靡千万金，乃培植如此人材，欲付以国家将来之重任，宁不伤哉！”（第二一八页）因不信任学校教育，孙宣甚至不愿意将自己的两个小儿子送到学堂读书：“余将出门，因命大儿督楚、璽功课，邑中学风坏，殊不愿诸儿染其习也。”（第三七九页）孙宣伯父孙诒让一手缔造的温州现代教育事业，如今却受到了孙宣的抵制，这真是一件吊诡的事！

时代动荡对孙宣生活造成了几次直接的冲击。第一件事是黑龙江通志局的裁撤。孙宣在诗文上颇有造诣，经史根柢亦深。《日记》中“作杂文”“作杂稿”“作志稿”的记录比比皆是，表明他对著述有浓厚的兴趣。旅居北平期间，孙宣的主要精力都用于《黑龙江志稿》的纂修，《日记》中涉及《通志》撰写、校订的内容多达一百五十条。但受到“九一八”事变的影响，通志局在一九三一年年初奉命裁撤：“勺圃接黑龙江省府信，志局即以阳历二月底结束，所有分纂数人皆裁撤，其未完稿由云老与余两人补辑之，约以夏五为期，即便付印。”（第一三五页）虽然直到本年十一月，孙宣仍在为《通志》作最后的补辑，但匆促完成的志稿，显然与原计划有不小的出入。不仅如此，志局的裁撤也使孙宣失去了衣食之资，他因此不得不结束在北平的旅居生活，而回到瑞安老家。

第二件事是在海上遭遇劫匪。民国二十一年岁末，孙宣从上海乘坐海轮返回瑞安。十二月初十日在象山石浦停泊时，八名海盗冒充旅客上船。次日黎明，遂开枪实施抢劫，打死护航队兵一人、旅客二人，打伤旅客四人，强奸妇女数人。让孙宣感到幸运的是，他遇到了一个讲良心的盗匪，所受损失最小，仅被劫“羊皮袍一袭，钞洋数十元，银洋十余元，眼镜皮篋等物”。当时孙宣还带有另外一个衣箱，盗匪已经开了锁，却回头问孙宣箱中有没有钱。在得到孙宣“钱已取尽，箱中绝无一钱，可检视也”的回答之后，“盗笑而去”。孙宣事后回想，仍心有余悸：“余初颇恐掳人勒赎，乃竟舍我衣物，斯诚天诱其衷，佛力呵护者矣！”（第三一八页）

第三件事是与岳父的官司。在海上遭劫后不久，孙宣即陷入了一场离奇的诉讼案。诉讼由孙宣岳父李润光发起。根据《日记》的叙述，李润光大概由于年老而患有精神疾病，故臆想孙宣通过妻子李瑾如、儿子孙经梁长期从李家盗取财物，价值高达数万元，并将盗取来的财物进贡给“满洲国王”。李润光曾带着两名警士到孙家搜取证据，但警士的证词却说李润光“搜物何处未看见，其持物出屋始看见”（第三八四页）。而且李润光从孙家出来，并没有直接到警察局，而是回了自己的家，再从家中赴警察局呈交证物，这在孙宣看来无异于栽赃。民国二十二年二月十四日，孙宣接到法院的传票，而前天晚上，李润光父子还曾到孙家小坐。这种突袭让孙宣感到极其震惊和愤怒，所以他在此后的《日记》中凡提到岳父，都径称为“李贼”。虽然证据不够确凿，但李润光却紧咬不放，通过贿赂法官等手段拖延结案。最后，孙宣到永嘉地方法院提起反诉，但直至《日记》结束的十二月三十日，诉讼案仍悬而未决。在诉讼期间，孙宣岳母去世，七姨逃婚。孙宣不能上门吊岳母之丧，其子孙经梁亦被怀疑与七姨逃婚有牵连。

前文曾指出《孙宣日记》与《越缦堂日记》在风格上具有类似之处，但孙宣记日记的习惯可能来自家庭的传统。孙衣言、孙锵鸣都有日记稿本留存。《孙宣日记》中提到孙锵鸣晚年主讲上海龙门书院的故事：“先祖在龙门时，必令诸生为日记，每页分两日记，每日分晨起、午前、午后、灯下，记行事而已。眉端注云：‘行事当敬以胜怠，义以胜欲。敬怠义欲，须于举动时默自省察。’又云：‘所行必求可记，不可记者即知必不可行，记必以实。’”（第三〇六至三〇七页）孙锵鸣要求学生记日记，含有以日记反省修身的用意。日记的这种功能，在中国有深远的传统，大致可追溯至宋明理学士人的“功过格”。不同于五四后出现的新知识分子，孙宣声称自己是“理学精神”的服膺者和践履者。他时常流露出对外部社会秩序和内心道德秩序的关切，但在《日记》中二者的关系却充满了紧张。内外战争和各种天灾人祸，既使社会陷入混乱，也不断冲击孙宣的日常生活和内心秩序。

按照中国士人的出处之道，每当天下无道之时，就应该放弃进取而退隐乡里，如孙宣祖父辈在仕途受阻之时都是如此。但有意思的是，孙宣的选择却与其祖父辈相反。与在外日记相比，孙宣乡居日记中的人事纷扰明显增多，其中既有宗族内部的纠葛，“子姓既繁，遂相猜忌”（第三六二页）；也有地方上的纷争，“地方事不可为，乡井间人习于忌刻，往往持一端为口实，讦讼之繁，盖自此起也”（第三六三页）。社会风气败坏，诸如翁婿反目、夫妻离异、司法黑暗等，层出不穷。孙宣感叹：“令人闻之于邑。乡闾不靖，只一‘逃’字可了，然四方又有何靖处邪？”（第三六七页）在家乡，孙宣丝毫没有如鱼得水的自在，反而陷入“剪不断，理还乱”的各种烦扰，以至于只能一逃了之：“明年入都，便可移家。乡里浇薄，不可居也。”（第四〇〇页）比起当年孙锵鸣在瑞安办团练，孙诒让在温州办实业、办教育时一呼百诺的盛况，孙家在地方上似已完全失去领袖地位。这与孙宣个人的威望或许不无关系，但更重要的原因还在于随着时代的变化，传统的乡绅社会已经一去不复返了。时代的失序首先在乡土社会中表现出来，而对于孙宣这样一个半新半旧的人士来说，城市反而成了他日常秩序的保障！《孙宣日记》反映了在一个失序的时代里，个人生活的日常秩序如何被改变。这是二十世纪三十年代中国的一部《还乡记》！

二〇二一年六月二十八日

读《梅冷生师友书札》感言

郑梅翁

此书系卢礼阳编注，二〇二〇年由浙江古籍出版社出版，收入自一九二〇年至一九六六年四十多年之书信共二〇八通，作者皆读书人，即今所谓知识分子，以永嘉籍者为主，部分为外地来温任职或从事工商之读书人。

予读是书，犹如读历史。观得洪宪退位，南京政府成立之前浙江民选议会自治之节略，抗战前夕西安事变梅先生历险之侧记，日寇侵华期间保护典籍之坚持，建国之初倾力抢救文物图书，继之以为温州乡邦文献收集、整理、出版之不懈努力。

予读是编，如读史诗。予也曾忝列劲风楼诗友之末座，乃概见永嘉前辈创立慎社、瓯社以文会友，弘扬诗教之斐然业绩。

予读是编，宛如与古为徒。前虽识荆者有孙孟晋先生、梅先生、吴天五先生及梅先生哲嗣梅之芳、方介堪、苏渊雷、任梓良、徐规、胡福畴、王国桐等，心仪者有夏承焘、王季思、夏鼐等；未曾知见，因读其书信而心向往之者也不少，如衡阳李洣佩秋先生，以“尪瘵龙钟，待尽旦文”之身，尤为温州图书馆搜集宝贵图书资料，与时下贩卖文物，混迹斯文而唯利是图之辈不啻天壤之别！

此书所收集书信大都为文言文，普通读者有阅读困难。且其人其事因时异代易也不易了解。端赖卢礼阳先生，搜集资料弘富，凡书中涉及之人几乎都有详释，所议之事也作考释，有便于读者良多。兹就书信中涉及之人与事，就予所知所感略述一二，以付嘱托。

林铁尊为梅冷生、夏瞿禅之师，有如慎社之词宗。林氏乃《蕙风词话》作者况周颐之入室弟子。况氏弟子甚多，唯林铁尊与缪子彬（缪荃孙之子）两人为亲授，其余皆挂名收受挚金而已。故梅、夏也是蕙风先生再传弟子。林铁尊致王梅伯信中曰：“蕙风先生云，填词先求凝重，凝重中有神韵，去成就不远矣。若从轻倩入手，至于有神韵，亦自成就，特降于出自凝重者一格。天分聪明者，最宜学凝重一路，却最易趋轻倩一路，苦于不自知耳。又曰，填词要造句自然，又要未经人说过。其道有二：曰性灵流露、曰书卷酝酿。性灵关天分，不能学；书卷关学力，求词词中，不如求词词外。”（第一〇五至一〇六页）此天分、学力之谈，确乎为成就一切艺术之至言，非有艺术创作之经验者不能道，不能悟也。

书中一九二〇年至一九二二年陈珩（纯白）及他人致梅冷生先生书信，多涉及梅先生竞选（当选）浙江省议会议员相关事宜。当此之时，正值推翻帝制之初，国人曾就如何建立共和民主制度，积极尝试。故任职于北京《民意日报》的陈纯白劝说梅冷生参与省议会议员的竞选活动。据予所知，当时省议会以各道尹公署为单位举荐议员候选人，并且提供一份议会自治宪法草案。予因撰写《宁波港史》曾查档案。当时浙省议会通过法律途径打官司，从哈同手中将平湖秋月及哈同花园（今省博物馆一带的园林及建筑）收归国有。梅冷生先生等参与议会自治运动，应视为对历史进步的贡献。陈纯白书札第四通中曰“自治潮流弥漫全国，北政府尾大不掉，无法遏止，已有遵顺之势”云云（第三七页）。

王梅伯致梅冷生书之第二通云：“满江红，西湖白文公祠附祀樊谏议敬赋，用平韵。”（第一八页）樊谏议者，唐代文学家樊绍述，宗师是也，自号魁纪公。为韩愈竭力推崇，其诗文真正做到了“唯陈言之务去”。可是樊的诗文点不断，读不通，看不懂。其《绛守居园池记》在陶南村《辍耕录》中有点断本，也仍是看不懂，读不通。予家外祖父樊漱圃自号小魁纪公，致力于搜集研究樊谏议之著述。抗战期间发现有刻樊谏议文章之石碑，即印行公诸同好。马一浮先生题七古一首，中有“文从字顺今乃详”之句。谢无量题五古一首，均刻在四川乐山复性书院之摩崖石壁。其拓本各地图书馆有藏。杭州西湖白居易祠附祭樊谏议，皆由家外祖父发起。马一浮《蠲戏斋诗编年集》（壬午）有《漱圃辑录亡友诸真长诗文见示感赋一律追忆真长兼答漱圃》七律一首，其第四句“堂下秋兰荐水仙”下注曰“漱圃尝祀其远祖樊绍述于西湖白公祠”。又《蠲戏斋诗编年集》（甲申下）“答樊漱圃见怀”题下注曰“漱圃新刊唐南阳樊氏遗文成，又发愿助书院刻资，故以是嘉之”。杭州孤山白公祠附祀樊宗师之事，知之者甚少，文献亦失载。今竟于《梅冷生师友书札》中见之，甚为感慰。王梅伯亦当是家外祖父之文友也。王梅伯满江红词，注明用平韵，盖因《万树词律》载有此词谱共有六体，五体皆为押入声韵，只有一体为平韵，甚为罕见，故特注明。

本书收入夏承焘与梅先生书信多达十五通。永嘉“三风”予识其二，唯天风不与，然予在“文革”前读中学时即已购得《唐宋词人年谱》阅之。其中收集史料甚为详备。详记宋太宗强幸小周后，以牵机药（番木鳖）毒死李后主，读之令人扼腕。“文革”时予有一小箱书寄存温州人民东路友人家中遗失，此书亦在其中。观夏致梅书，知梅与夏可谓诤友也。

一九四七年十二月第十五通书信记载，玉海楼文物图书由孙孟晋捐赠浙江大学，最终玉海楼藏书分属浙江大学和籀园图书馆（第六七页）。此前予得之传闻，谓玉海楼藏书之精华被郭沫若拿去中国科学院了，看来传闻失实也。

梅冷生先生于社会剧变之际，抢救保护收集图书文献，可谓不遗余力。张慕骞书信第二通一九五二年十月二十日来信后之卢礼阳注曰："夏鼐日记一九五二年十月九日：下午赴籀园，遇梅冷生先生，并稍观新没收诸家之书，以瑞安张慕骞君九千余册，永嘉王希逸四千余册，戴幼和三千余册为最多。"（第一七三页）而台州项士元来书云："敝乡图书文物土改之际损失颇巨，杨氏崇雅堂、屈氏精一堂均荡然无存，一部分为土特产运销公司收购，运至贵县及沪江，又一部分则化为灰烬或投入溷圈。及弟自杭返里，怂恿人民政府当轴组设文管会，远在乡区者已难挽救，所幸黄岩、温岭、天台及临海各城区文物大多无恙，台州土特产运销公司收购贮存之旧书五六间亦经躬往检查，先后从破纸堆中检得稿本抄本明刻本及乡先进批校本总逾千斤。关于东瓯人士之手迹，计有孙衣言、孙仲容、孙诒泽、陈介石、黄仲弢、项维仁、马公愚、戴礼诸人手札及书画，将来整理时当随时留意，另行奉告。"（第一二四页）其时温台两处图书馆（文物部门）互通有无，数量可观，于梅项书札中得以窥见。

杨俊友致梅冷生书信，有卢礼阳按语云："联想到一九六二年一月，中办秘书田家英以领袖秘书名义向温州博物馆'借'取谭嗣同书赠宋恕的扇面，从此一去不还，杳无音讯。"（第一四四页）田家英曾向西泠印社"借"去号称"邓玉"之邓石如行书"海为龙世界；云是鹤家乡"对联，不仅不还，而且收入"小莽苍苍斋藏品"印成书册，变成田家英私藏矣。由此可见，田家英"借而不还"，并非偶一为之。

王荣年致梅冷生书，记录一九四六年杭州物价高出温州四五倍。信中称：“之芳曾过此，□□、孟晋、默庵□同饭。瞿禅寓所仅隔一孤山，每逾数日一晤对，尚不寂寞。惟物价奇昂，高出吾温四五倍，入城一次，来往车资需二千元以上，每顿客饭稍洁净者即需二千元，稍有酒菜，非五六千元不办。”（第一八九页）又陈纯白致梅冷生书第六通，记录一九二一年杭州至湖州之交通曰：“赴湖州乘城站车至拱宸桥下车，改乘小火轮到湖州，来往不过两天。”（第三九页）是皆可为经济史、交通史之史料。

一九四六年王荣年信函后，有卢礼阳按语曰：“夏承焘日记一九四五年七月二十八日条或许可作注脚。王梅庵来，午与天五饮雨农家，贞翁、冷生、梅庵同席。听梅厂以日本音歌唐诗‘月落乌啼’一首，日人妇孺亦能歌此也。”记得上世纪八十年代改革开放之初，杭州武林门红太阳展览馆开辟一书画廊，予友王君书法在焉。王君谓予曰：日本游客专门订购《枫桥夜泊》，不知凡几，亦不知何因。今见此按语，可以释然。盖唐诗之魅力在其音韵优雅，传唱一千余年、流传东洋而长盛不衰。可见中国优秀文化之生命力强健，至千秋而不老矣！

写于辛丑暮春，杭州

从唐津到温州

村上哲夫 文　王长明 译

译者按：本文为村上哲夫著《广岛师团的脚步》（『広島師団 の歩み』，広島師団 の歩み出版委員會昭和三十六年即一九六一年三月发行）第十四章“支那事变”温州作战相关内容——“西唐津·朝鲜·飞云江”与“温州（版画名胜）”两大部分的译文，文题为译者所拟。

广岛师团即日军第五师团，因其兵源地为广岛县，故习称广岛师团。一九四一年三月二十三日，侵驻中国上海的第五师团从吴淞港出发，四月三日抵日本长崎与第五飞行集团一起参加陆空合成登陆的“吕号大演习”。四月五日演习结束后，在唐津集结。四月十一日从唐津返程（港口称西唐津港），次日抵朝鲜木浦港，并在该港开展登陆训练。十六日从木浦港拔锚，十八日深夜至十九日凌晨在宁波之镇海、象山之石浦、台州之海门、温州之瑞安等浙东各地同时登陆。其中以第五师团第二十一联队（按兵源地称为广岛师团滨田联队）为主力的三千余人，四月十九日至二十日先后侵占瑞安与温州两城，五月二日至三日，相继撤离温、瑞，此为温州地区首次沦陷于日寇之手，史称四一九事变。

这篇节译稿就是日本军人对此次入侵的记述。不过，与常见日本各战友会所编师团史、联队史不同，它的着眼点不是战争本身，而是普通日本军人的见闻与思考。譬如行动前对目的地一无所知，回上海的期待落空，而是转舵抵达飞云江；再如对温州风光物产的描写："瓯江是一个风景秀丽的地方，河道平缓，灯火通明，山河交相辉映，显得格外美丽"，"温州是温州蜜橘的著名产地"。又如日军侵占温州之初曾在中山公园里休整，后又以温州中学附属学校（当指温中附小）为宿营地，附属学校内到处贴满儿童与学生创作的抗日版画，这位日本军人自己居然还带了很多回国。其营地附近监狱里（在人民广场附近，民国称浙江省第四监狱，解放后此处为老温州人所称的"四科"）的囚犯自述像小鸡一样，靠菜叶、盐和水生存，他们想要被日本飞机轰炸——这类期待让人目瞪口呆。

这些日本军人还看到了府门头抗战纪念碑前汪精卫夫妇跪像，"汪兆铭被制作成真人大小的白膏工艺品，作为汉奸，跪着在台上，手被反绑在身后，不知道是不是在进行实物教育。无论哪里都不是在露骨地流露其国民性和民族感情吗？"文末还有对在全岩山战斗（今鹿城区丰门街道西北诸山）中冲岛机关枪小队全军覆没惨状的描述。这些死在异国的入侵者尸体浮肿，身上如马蜂窝，伤口如石榴。诚如作者所说，"必须知道，战争不是一件简单的事，而是需要拼上性命的可怕的事"。不可否认，该文中一些描述与言论不可避免地受到军国主义思想的影响，但仍在某种程度能折射出人性深处对战争之恐怖残酷的本能排斥，这恰恰能为我们提供考察那场战争的另一种视角。

原文中也存在一些明显错误，如将十一联队登陆地杭州湾误为"广州湾"，将瑞安误作"端安"，将小岭附近之桃岙误作"桃番"，将汪兆铭误作"王兆铭"、将离飞云江登陆地约七十里的营盘山—渚浦山—翠微山误为“七里”等，将石垟山—石指山（今称牛岭与卧旗山）误作“石头山—石指山”，均已在译稿中迳改。文中“兵团”系指日军对师团的另一习称，“提灯”则指日本一种可以提着行走的灯笼，特作说明。翻译过程中，承蒙王睿、王思思、夏志鼎等朋友鼎力帮助，谨致谢意。

西唐津　朝鲜 飞云江

在归途中，兵团长训示，四月十二日（晴）黄昏时分，かもい丸停泊在朝鲜木浦海域进行“一四三〇——一五三〇”特殊训练。这次移乘善洋丸，翌日继续进行综合训练。从早上开始，到太阳落山之后结束训练。风大浪高，登陆艇像树叶一样摇晃。每一次都水花四溅，全身湿透。手表也被海水浸没，生锈坏掉了。但是，我对军队没有意见，抱怨的话难以说出口，一言以蔽之，就是老老实实地服从。

在此期间，松井兵团长也进行了巡视，早在四月中旬，就着手让军队更换夏装。要回上海了吗——暗地里的期待落空了。从朝鲜开始御用船队向西南转舵，向左掉头后就抵达了，真是出人意料。夜晚在靠近福建省的浙江省所属飞云江溯江而上。好像是在十八日二十二时过后，侵入了目的泊地。

前往温州

十一联队同时在杭州湾登陆，我们滨田联队紧随其后，四月十九日（晴）六时登陆半浦。攻击前夕的黎明，我们换乘登陆艇。迎着风浪在上溯飞云江的途中，在瑞安的时候虽然受到了敌人的一些攻击。天亮后友军予以飞机空袭和舰炮射击。我们登陆的时候，敌人像蜘蛛一样逃散消失得无影无踪。从半浦经河东—户山头村—桃岙村，越过小岭山巅继续前进，薄暮时在离登陆地点七十里左右，对营盘山—渚浦山—翠微山连线之敌阵反复几次夜袭。不久，东方的天空发白，拂晓再次对西山之敌发起攻击。不知怎么回事，敌人都退却了，不见踪影。温州城被无条件地交给了我们。那是登陆一天后，也就是二十日早晨。

版画名胜

虽然几乎没有睡觉，但在城内的中山公园大休整之后，还是根据命令完成了“搜索并没收了瓯江沿岸援蒋物资”的任务，破晓时分在温州中学附属学校中找到了宿舍。也许是因为温州是仅次于上海的版画繁盛之地吧，在教室的墙壁上贴了很多充满抗日意识的儿童和学生的作品。我带了很多的版画回去，但是在原子弹爆炸的时候，都被烧毁了，太遗憾了。

温州佳品

温州是温州蜜橘的著名产地。即使到了四月，还贮藏在仓库里，虽然皮很干燥，但是因为一颗颗都很好地发酵，所以仍然非常好吃。那里是蜜橘的发源地，大概是很久以前种子就被移植到了日本国内。瓯江是一个风景秀丽的地方，河道平缓，灯火通明，山河交相辉映，显得格外美丽。并且禅寺很多，穿着破衣，戴着馒头笠，拄着杨杖的云游僧插队进来，“那家伙不是密探吗？”一副不知道自己被人用白眼瞪着的样子，悠然自得地挺起肩膀离开了，也有这样大胆无畏的僧侣。虽然说他有胆量也没错，但举止很奇怪。

宿舍附近有监狱，据说关押了很多政治犯，所以我去参观了，被跳蚤和虱子缠住了，收到这种礼物真叫人无话可说。也有囚犯表达有点夸张，说“我们像小鸡一样，靠菜叶、盐和水生存”。他们想要被日本飞机轰炸——这类期待让人目瞪口呆。

一把米

人生是不幸的，还是可怕的？有一个美女，据说她为了一把米，出卖了自己的贞操。买的人说：“即便让她赤裸，并征服了她，不知何时就把她打发走了。”她肌肤上长了小疙瘩，匆匆离去了。如果不是大胆细心的话，这样的表演一定很难。成为士兵的话，一天能得到一盒米的配给，所以孩子们志愿去当中国兵。也遇到过这样一个家庭的老母亲，她把“为了生存的战争”视为敌我关系，无法超越恩仇的彼岸，陷入了“今天我们仍是犯着杀人罪孽”的痛苦，沉湎在凄凉的思绪之中。对祖国的爱是什么？ 阿门。

汪兆铭被制作成真人大小的白膏工艺品，作为汉奸，跪在台上，手被反绑在身后，不知道是不是在进行实物教育。无论哪里都不是在露骨地流露其国民性和民族感情吗？在街头看到娼妓的时候我会深表同情，说：“那也不是为了一把米吗。”

冲岛少尉失踪

四月二十二日(晴)，整理身边的事。为了寻找冲岛少尉的去向，二十三点出发开展救护。第二天也是晴天，向石头山—石指山之敌发起进攻，凌晨左右到达其北面，并且快速追击败走全岩山之敌，在九点左右到达上寺村。

二十一联队（滨田）的上利高级副官在码头大腿部负伤。十六时过后占领全岩线棱线，傍晚时分在白头村的码头扎营，准备出发去看看冲岛队的遭难现场，因为没有提灯，我们戴上蜡烛，战战兢兢试着接近冲岛队遭难的现场。在那铺着席子的船里全是尸体。感觉就像看到了灵魂一样。立刻和滨田联队本部联系，然后天就亮了。

推理小说

为什么冲岛小队会全军覆没呢？让我们从遇难当时的情况来试着判断并思考一下。大概是上了船，小队长坐在竹席围着的客舱里视线不好。可是当他们被几只敌船包围，不分青红皂白地“啪啦啪啦”被机枪扫射。也许在死角里有一两个人有可能会活着，但在那么多敌人的包围下，不被杀，也要吃够了苦头吧。

这个被杀现场凄惨至极，目不忍睹。每个人都像肿了一般胖鼓鼓的，宛如溺死的尸体一般，又像捅了马蜂窝一样，到处都是洞，破开的伤口就像石榴一样。从中可以看到冲岛小队奋战的痕迹。必须知道，战争不是一件简单的事，而是需要拼上性命的可怕的事。南无阿弥陀佛。

四月二十四日（晴）十一点半到达温州。全部伤者交由第二野战医院收容。

二十五日（小雨）在近藤军医的陪同下，将伤员平安向后送到医院船上。

二十六日（晴）实施武器被服保养。

二十七日（晴）体操和训话。

二十八日（晴）私人物品检查。

二十九日(小雨)是天长节，在广场举行遥拜仪式，在旅团司令部干杯。

三十日（晴）日军从温州撤出，黄昏时到达瑞安投宿。

五月一日（晴）二时起床，四时开始乘艇。八时半かもい丸到港，换乘。

二日（晴）天气晴朗，浪静，一路向上海。

三日（晴）晨风大浪高。

四日（晴）航行（在甲板上做体操）。

五日（晴）船内余兴大会。

六日（晴）饭田栈桥登陆。

莫洛书信辑佚

马大正　整理

父亲逝世十周年之际，我编了本《莫洛佚文书信集》，内分诗歌卷、散文诗卷、散文卷、理论卷、书信卷等，编好印行后，还发现了一些书信，现集在一起，以为补遗。其中几处涉及通讯地址和电话，以*号替代。

致徐元一通

徐元同志：

久未给你写信，想来你都很好吧？

这次我和唐湜兄外出一个多月，在杭州接连参加了两个会，因为会议安排紧凑，又加上天时不好，常落雨，所以我无暇去拜访你，实在非常抱歉！

现在浙江写作学会召开成立会，我因刚从杭州回来，不免感到疲累，所以就不想去参加了。温州师专的写作课教师姜嘉镳、周兆凯二位同志要去杭州参加这次成立会，我想趁此机会请姜、周二同志去拜访你，以便同你面谈有关编写书稿的事。

因为近几个月来我们工作都较忙，因此未曾照原定计划将样稿寄奉审阅。现在由姜、周二同志带上样稿三份，先请你过目，并望提出意见，以便陆续进行编写。

现在给你送上的三份样稿（即《诗歌》《短篇小说》《报告文学》）。不仅是未定稿，而且都还没有写完。这三份样稿，无论体例或写法，都各不相同，目的是想请你看过之后，考虑一下，觉得哪一份的样稿写法比较适宜，或者，你觉得这三份样稿都不合要求，你也可提出另外的设想。这样我们便可以按照你的意思进行编写。

写这些样稿之前，我们三人曾先讨论过几次；这三份未完成的样稿写出后，我们又曾一起交换过意见，作过一些补充和修改。因为对编辑部的具体要求尚不太明确，所以只能如此先试写一部分。如有可能，最好你拿到样稿后，立即过目一下，待会议结束时（会期四天），姜、周二同志再去找你，那时便可一起面谈，提出你的具体意见。

匆匆，顺颂

撰安

莫洛

（一九八三年）十二月二十四日

致姜嘉镳三通

一

嘉镳同志：

兹送上你在庐山拍摄的照片（并附底片）一张，请检收。我已老糊涂，是谁交给我的竟一时想不起来，我想你自己当能知道。

听陈为良同志说，他出版的一本书，已交你转给我。便时乞检出交焕光先生带来。

我是三十日下午乘轮抵温的。

无别事。顺致

敬礼

莫洛

1984. 11. 2晚

二

嘉镳同志：

今天上午曾去找民政局长，他出去开会了，未遇。晚上到他家里，已碰到。谈及去庐山开会的事，他表示支持，但限于规定，报销有困难，仅路费可予补助，其他一切费用，均须由我自理。我想，自己乘机游一次庐山也好，愿意花点钱。通知的回单，就烦你代为寄去，我这里明天再给吕洪年写封信，把情况说明一下。

匆此，顺颂

教安

莫洛

（一九九五年）四月十九夜

三

嘉镳兄：

读了斤澜同志文章，知道你的散文集即将出版，可喜可贺！

《作文新圃》“作家谈作文”栏的文章，早就曾向你约过稿，现再次写信，请你能写一篇。字数2000字左右，文章写得通俗易懂，便于小读者理解。稿末再写一200字左右的“作者简介”，把你将出的散文集也写进去。文章最好能于下月（五月）内写好寄给我，由我转寄《新圃》主编。

欠债是要还的，文债也一样，麻烦你了，拜托拜托！

先此致谢。

顺颂

文祺

莫洛

1995. 4. 26

致魏兴海五通

一

兴海医师：

我已多时未有给你写信，因为年迈，连写信都感到困难，一是脑子里很难构成文字表达意思，二是手拿笔已不听使唤，横、直、钩、捺都要变形，而且拿笔的手吃力得很。原来是拿笔的人，现在变成不善拿笔而且怕拿笔的人了。虽然我久未给你写信，但心里却常想到你，这次你7月7日的信我收到，读了，就很是高兴。

你计划带家人来温，非常欢迎！这么多年过去，未有见面，心里自然想念的。只是7月底8月初正是盛暑时节，路途上是很辛苦的。雁荡山、楠溪江是值得一游的。楠溪江范围较大，大若岩包括其中。虽然不是什么名山大川，但绿水青山的野趣也足够游人开阔襟怀的。

大康和大正都有职务在身，都上班。特别是大康，他挑着温师院的担子，很重，说不上有空闲。他住学校宿舍，离我处远，无法常来，一星期或十来天来一趟看看我，也算尽了孝心了。他有一本《美学乌托邦》出版，不知手头还有存书否，如有，我当嘱他赠你一册请教。大正另有新屋，除值夜班或开会外，每日中、晚餐和晚上给病员看病，则在我原先住的六楼。我不知道他在写什么书，似乎也颇忙，但估计不会去研究《内经》之类古著作。

唐湜先生已83岁，他行履不便，无法出家门。我们久未晤面，有时通个电话，但他口齿不清，我又耳聋，所以电话上也难于聊天。近日有友人去看过他，说他身体不错，胃口好，只是走路困难。

胡乔铮久未来，也久未见到他有文章发表。叶坪现在瑞安工作，双休日回温州家里，平时则在瑞安。他与我亲近，总是隔些日子来看看我。

现将唐、胡、叶的电话、地址开列写下，便于你联系：

唐湜　花柳塘新村**幢302室　电话：88******

叶坪　住家：温州小南路**号101室　电话：88******（宅电，双休日在家）手机：138********

胡乔铮电话：88******（宅）　传呼：9669727111

只知道住温州洪殿，温师院教工宿舍。

附带说一下：有一位沈克成先生，他是电脑沈码的发明人，想来文字学方面有研究，但语源学方面如何不得而知。他最近迁住新居，无电话，但他夫人仍住温州市内招贤巷*号404室，电话：88******。

手已写得酸痛，先此带住，顺颂

暑安

莫洛

2002. 7. 13

我已从六楼搬到二楼206室，地址照旧

百里坊一半房子拆去扩充大路，连最近的邮电所也不知搬至何处，所以投邮就感到困难了。15日

二

兴海仁弟：

信和文章刚收到，马上给你回信。

文章好，读得很有兴致，先后读了两遍。我想把你的文章推荐给温州鹿城区文联出版的文学刊物《墨池》，你是否同意？《墨池》系双月刊，我推荐去一定发表，下面有几点征求你的意见，请告诉我：（1）标题即用《在温州的文学之旅》，“代后记”三字删去；（2）署名请决定，用魏兴海或星汉？请告诉我；（3）文中有几处笔误，要改正一下：①第一页第五行“然而是婉转地提出……”，想必是“然后”不是“然而”；②第一页第七行“都是情有可愿的了”，“愿”该是“原”；③第一页倒数第14行“我这么也按不开……”应是“我怎么也按不开……”；④第1页倒数第1行“怨死青海”应是“冤死青海”；⑤第2页第6行“时间创促”应是“时间仓促”；⑥第1页第17行“还是荒僻的鱼村”，应作“渔村”。（4）文末拟有附记：本文系魏兴海先生文集《……》的“代后记”。如此可否？

温州不少作者的书均由香港天马书店出版。因天马书号费便宜，书则在温州印刷出版。此间一位名潘善庚先生与天马有关系，他仅收书号费不到一千元。我不知道你所说的天马是否由绍兴负责，不必去香港联系？你如需要通过温州的关系取得天马书号，可直接写信：温州市，温州市人民政府大院内档案馆转潘善庚先生，信中可说明一下系我推荐，潘先生会帮忙的。不过书在温州或绍兴印刷出版还得考虑决定。

我最近感冒，咳得厉害，正在服药。不多写了。请复信。

顺颂

近好！

莫洛

2002. 9. 16

附上近作《致亡友》，请收。我久不写作，因最近有人为蔡先生书法举办展览会，一定要我写一点，这才草此短小散文诗。

三

兴海医师：

来信和文章均已收到。

大作《在温州的文学之旅》较长，三千多字，我将其推荐温州市文联刊物《温州文学》；“《夜草集》自序”则推荐给鹿城区文联刊物《墨池》。此二刊均为双月刊，近期已无法排进，也许要拖些日子才能刊出。我已在文末写上你的通讯地址，出版后当会给你寄赠刊物。

说来有趣，我原来的那本《大爱者的祝福》，最初定名也是《夜草集》，因为其中文章均写于深夜，又暗指当时国民党统治是“黑夜”。但责编认为书名太一般要影响发行数，故又改名为《大爱者的祝福》。可见我们连起个书名也是曾经相同的，真有缘！

《夜草集》今后出版，我、唐、胡兆铮和叶坪你定会各赠一册。我想下列各人也应寄赠为是：

（1）马必胜：温州市墨池坊1号，《墨池》编辑部，325000

（2）金文平：同上，金为《墨池》主编

（3）吴琪捷：温州市墨池坊23号，温州市文联，325000，《温州文学》主编

（4）张思聪：同上，张为文联主席，《温州文学》主编

（5）程绍国：温州市，温州晚报《池上楼》编辑部，325000

（6）温州三所高校图书馆：各二本

温州师范学院图书馆

温州医学院图书馆

温州大学图书馆

（7）温州市图书馆

以上（6）—（7）各二本

（8）温州民进高级职业中学图书馆：温州市十七中路，325000

我想，《夜草集》应为更多的温州人读到，因为其中二分之一以上是评论温州作家作品的。你如认为我的意见是对的，告我，我当再开列赠书名单。

又：

林斤澜

北京 西便门 东里三号楼****号

邮编：10053

即颂

秋安

莫洛

2002. 9. 27

四

兴海仁弟：

4日夜信收读。

前些日子正是温州中学百年校庆，我去参加了一些活动，许多校友是解放初的学生，现在都很有成就，见面时非常高兴，仅仅因为打招呼，我的喉咙都嘶哑了。

你的文集几时可印成？我先向你祝贺！的确，我要开个单子给你，如温州的图书馆，几所大学图书馆和一些较知名的中学图书馆，再就是温州的文联和温州的作家们，这将是个长名单。因你曾在温州生活过，文集中的文章很多和温州的人与事有关，给他们送书意义较大。到时候只要告诉我，我会为你开名单的。

贺鸣声、张怀江二人木刻放在文集中作插图，很好，使文章增加一点情趣。当然也为了对他们表示敬重和纪念。

锡金先生尚健在，这消息令人极为高兴！解放后我忙于教书，也未知他的情况，所以无法通信。你如打听到地址，盼能告我。

叶坪已寄他的著作给你，他来我处时曾告诉我，我和他的关系是很密切的。

近来活动较多，身体尚好。在我斗室中拍的照片有印出来否？望能赠我一帧。

手有点抖动，不多写了。即颂

秋安

莫洛

2002. 10. 15

五

兴海医师：

第一天我收到你寄来的一箱书，第二天（今天）收到你的信。你以前寄来二信均收到，因无别的事可谈，我既忙，写信提笔又困难，故未作复。

《夜草集》印得不错，特别是全书的设计，包括插图和照片，很好。你的文章更好，是一本有意义的文集。今后你在从医之暇，还是要写一点为好。也许我对你有所偏爱，觉得你是个天分很高的人，文笔和内容均佳。我想，你可以医为主，文副之，不写是可惜的。

以前我给你开的送书的名单，因没留底，记不清了。今天我又开了名单。供自己的，专门是温州新闻、文化界的，包括作家、刊物编辑、记者，以及我的子女，人数已超过25人。我还想给外省的朋友（如彭燕郊等）也代寄一些，扩大点影响（这事要花我很多时间、精力，因年老，做一件事动作极慢，还要托人到邮局寄）。

出书发财的大有人在，但我辈出书都须赔钱，所以我尚有不少书放着，只得送人。温州人爱买书，但一般不买温州作者的书。你的书我看只能给书店20本，而且一般都是白送书店，收不回书钱的，我的情况就是如此。你估计能“打个平手”，这是很不容易的。温州有些作者，关系多，活动能力强，他出书的费用就是设法募集的，卖出去也有渠道和办法，我是这方面最无能的。

你出书确实给我带来快乐，为你出书我向你祝贺！

莫洛

2003. 1. 18

致杨瑞津一通

瑞津同志：

今寄奉文化局对政协提案答复复印件一纸，请收。

我曾托民进郑宁宇同志用电话告诉你关于文化局答复情况，也许风荪同志没有听清楚，所以特地将答复的复印件寄上。并请便时转告刘莱同志。

顺颂

暑安

马骅

2000. 8. 8

致方韶毅一通

韶毅先生：

昨晚马伊交来您的文章，我于今晨展读。我读着，不禁眼里渗出泪水。我虽已九十岁出头了，但感情仍易激动。您的文章写得很好，我读着很是感动。我要谢谢您！

莫洛

2006. 10. 12上午

大作仅有二处我改动一二字，未知妥否？

又及

赵蘅书房：藏着整个家族的档案

赵　蘅　口述　绿　茶　撰文

赵蘅老师和我是温州老乡，虽然她不出生在温州，但她父亲赵瑞蕻先生却是土生土长的温州人。每次见面，赵蘅老师总以“温州小老乡”相称。我和赵蘅、肖复兴、罗雪村、孟晓云、冯秋子六人联合做了一个画画的公号“一群文画人”，还在中国现代文学馆办了一次展览，这些年，从他们几位身上学到很多画画的技艺和理念。如今，“一群文画人”已停止更新，但我们这个小群体依然交往密切，不时小聚。

赵蘅老师从小习画，长大后在中国农业电影制片厂从事美术工作。农影小区赵蘅老师家，整洁而温馨，从进门开始，柜子、书架、桌子、电视柜，上面都整齐码放着不同类型的书籍。她说喜欢整洁，哪怕是下放劳动时，自己营房炕上一点空间也收拾得条理美观。

书架和柜子里，是精心整理的家族档案和书籍，每个区域都有清晰的主题，大量的书信和日记，透露着时代的气息以及人情的温暖。父亲赵瑞蕻的全部档案分散在家里不同区域，赵蘅小时候，父亲在东德教书，父女

赵蘅在她的书房

赵蘅书房

间频繁通信，小姑娘跟父亲讲述小学生活的点点滴滴，喜怒哀乐，这样的父女情深如今读来更是深情动人。

妈妈杨苡今年已经一百零二岁，母女俩感情深厚，每天南北通话，天南地北海聊，母亲新写了文章或打油诗，也总是第一时间在电话中念给女儿听，像个文学女青年一样希望得到认可。赵蘅每年无数次往返北京南京，帮妈妈处理各种事，也代表爸爸妈妈参加各种文学活动。

赵蘅是家中姐弟仨中的老二，十五岁离家到北京读书，早早的开始独立生活，培养了良好的自我料理事务的能力。因为喜欢文学，于是肩负起保管和整理家族档案的重任，如今，赵蘅北京的家里，可谓是一座小型的家族档案馆，她在一点点梳理和整理这些珍贵文献。

赵蘅老师还是一名勤奋的画家，画画让她的退休生活有生机，有幸福感。现在，她需要拿出大量的时间整理家族档案，花在画画上的时间显然少了。赵蘅老师的速写功夫非常惊人，家里有无数的速写本，记录着生活和这个世界的点点滴滴。疫情居家时期，赵蘅老师每天画每日餐食，画了厚厚一大本。

作为一名画家、作家，以及文化名家之后，赵蘅低调而平实，她爱爸爸妈妈，对那一代知识分子有着深深的敬佩，虽然自知赶不上他们的修为，但作为后辈，她也希望在自己涉足的领域能尽量做到最好。并且，通过整理他们的文献、档案，进而更全面认识和理解那个时代的精神气质。

绿茶：您生在文人家庭，对您的阅读启蒙有着什么样的影响？

赵蘅：大概五六岁左右，我在南师大附小开始读小学，我们家搬到陶谷新村，在一栋独立房子一层，这里很僻静，刮风下雨，窗外有那种“呼啸”的感觉，我妈妈就是在这儿翻译的《呼啸山庄》，“呼啸”的感觉就是从这儿来的。我也是从这时候开始读书、涂鸦。对我们家而言，读书似乎再正常不过，就是日常生活，不读书，反而怪了，我家最大的财富就是

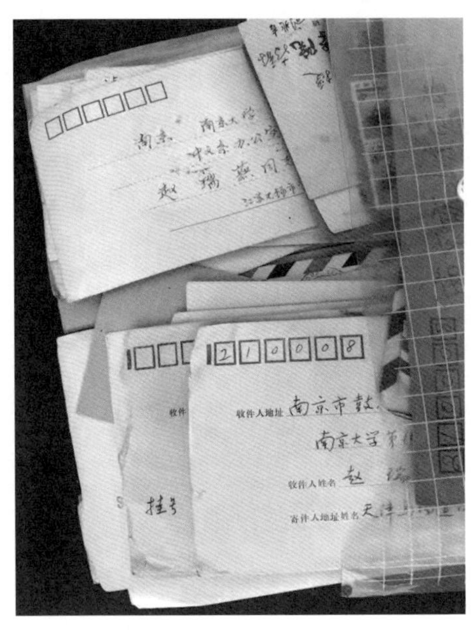

书房里的档案

书，这对我的童年影响特别大。

我的童年是比较幸福的，加上爸爸在国外教书，我们家很早就有爸爸寄回来国外的书，尤其多的是童话，现在还有印象的如安徒生的《小人鱼》《卖火柴的小女孩》《灰姑娘》等，还有马雅可夫斯基的《什么是好，什么是不好》，这本书插图很精美。也喜欢读任溶溶翻译的《亲亲爱爱的一家人》等等。

绿茶：真是让人羡慕的童年，还能记得读了哪些书吗？

赵蘅：八岁的时候，一九五三年，高教部来调令，让我父母去东德卡尔·马克思大学（现为莱比锡大学）教书，我们把南京的家封了条，全家到了北京，但后来又来了新指示，不能带小孩，最后只好爸爸一个人去，妈妈带着我们几个孩子留下，我们又回南京去了。父亲在东德那些年，我们就频繁通信，我的写作就是八岁以后给爸爸写信开始的。我是三个孩子中是写信最多的，有时候爸爸只给我一个人回。就这样，一直写到十一岁。有新政策说大学教授没有家庭不合理，长期这样不行，又同意我们一家人过去。一九五六年，妈妈带着我和弟弟一起去东德和爸爸团聚，姐姐当时上学没去成。

我爸爸临走前几年，给我们姐弟一人一口袋，把当年那些信都留给我们了，信里记录了我从八岁到十一岁的全部生活，包括看了什么书，什么电影，画了什么画等等。

绿茶：你对父亲早期在温州时的生活了解吗？

赵蘅：我爸爸对温州家乡的热爱，我们从小就知道。但他平时话不多，也很少跟我们讲述他的家乡往事。他写过很多篇回忆家乡和老家故人的文章，我也是通过文章才感受到他对家乡爱之真切。

他生于挺大的一个家族，爷爷经营茶叶生意，在温州五马街有一大片他们家的房子。我爸爸是老幺，上面有两个哥哥三个姐姐。他二哥赵瑞雯研究古典文学，擅长诗词，三姐赵璧也爱好文学，善于写字、画花卉。

父亲小学毕业免试保送十中（后为温州中学），初高中都在十中。他在中学里很活跃，和马骅等同学们办“野火读书会”，阅读进步书刊，讨论时事。温州中学有很多名师，王季思、许笃仁、陈逸人、陈楚淮、夏翼天、叶云帆等先生，为父亲后来研究中外文学奠定了坚实的基础。高中毕业考入上海大夏大学中文系，次年又考入青岛山东大学外文系，又次年，七七事变爆发，休学回到老家温州，参与“永嘉青年战时服务团”，积极开展抗日救亡运动，参与温州地下党工作。突然不知道什么渠道，和几个同学又跑到长沙，入长沙临时大学外文系继续求学。一九三八年初，临大奉命西迁昆明，父亲经广州、香港和越南入滇，临大到昆明后改称为国立西南联合大学。

在西南联大，父亲见到曾在温州中学任教的朱自清先生，朱先生知道父亲来自温州中学，很高兴，并对父亲的诗歌给予很多鼓励。开始，文、法两学院暂设在蒙自，父亲和爱好诗歌的同学们成立了“南湖诗社”，请朱自清、闻一多两位教授担任导师。回到昆明后，诗社更名为“高原文学社”，父亲和母亲杨静如（笔名杨苡）就是在“高原文学社”时认识的。但他俩讲述的“认识版本”不同。父亲说是在一次文艺晚会上认识了母亲，母亲则说她第一次参加“高原文学社”会议，父亲是发言人，却迟到了，因此认识了这个人。

绿茶：你妈妈的传奇还在继续，真是让人高兴。你们母女感情特别好，经常看您写文章讲述妈妈的故事。

赵蘅：妈妈，一百零二岁了。这两年，媒体好像突然发现一眼金矿，来我家采访的、拍视频的，应接不暇。妈妈从不回避着“呼啸”两字是由她想出的，这是她这一生可以得意的事。我也相信，也只有妈妈才能有此气魄，她经历过战争风云、政治运动、家庭变故，有这么多的人和事，她才是呼啸而来的。

百岁的妈妈，大部分时间都宅在家里，更多兴趣在看书看报，理书和翻看旧信旧物。她不习惯说场面话，认为自己并不是名人，连职称都没有，就喜欢在家给老友写信，还会花费大量时间和精力整理信件和旧照片。每天早晨她一觉醒来，精神特别好，东想西想，那些久远的事，久远的人，那些欲吐为快，却没精力写出来的东西，都会伴着耳机里三四十年代老歌的旋律流淌出来。

我很荣幸地成了妈妈的文友。她爱和我讲她的创作计划，有时写出了一篇的开头，或是一首打油诗，还在电话里念给我听，问我写得怎么样，像个文学青年，渴望得到称道。

爸爸去世后，家里的那张书桌成了妈妈用的了。桌上变凌乱了，多了玩偶和孙子照片。妈妈喜欢写信，也很会写信，一写就是长信。这些年我见过她列的要回信名单，有一长串，北方的，南方的，足见她惦记的朋友很多。

妈妈隔不久就会叫我打电话问候她的老朋友。她明确说在北京她最惦记的有四个人：邵燕祥、袁鹰、姜德明、石湾。邵燕祥帮她存过旧诗稿，袁鹰在她无端挨批判时去南京看望过她，这些她都一直记得。石湾作为南京大学的学子，对我爸非常敬重，也常去看妈妈。如今，邵燕祥和石湾两位先生已经故去，让妈妈很难过。

我每年四到五趟回南京，每次都会画几张妈妈。她会客聊天、看书、看报、看电视、吃饭、泡脚，我就像一只跟屁虫，追着她画几笔。

她一直在为离世做着各种准备，她从不讳言死亡，也从不失去盼望。她最喜欢引用《基督山恩仇记》里的结尾："人类的全部智慧就包含在两个词当中：等候与盼望。"与沈从文、巴金的通信已经捐给了博物馆，大量的藏书要想好怎么送掉，二〇二〇年决定捐房产给国家（此时，赵蘅老师正在南京帮着妈妈处理捐房子事宜）。她不想留任何遗产，说杨家人有捐献传统，不在乎这些。妈妈说，杨家人都不容易被什么疾病吓得魂不附体，在任何突然来临的事故甚至劫难出现时，都能做到"猝然临之而不惊，无故加之而不怒"。或许正因为此，杨家三姐妹都长寿（杨宪益享年九十四岁，杨敏如享年一百零二岁）。

绿茶：您爸爸妈妈都是翻译大家，你对他们的译作怎么看？

赵蘅：我妈妈说她俩是志同道不合。我爸爸偏古典，妈妈比较现代。我爸爸喜欢弥尔顿，他翻译了弥尔顿的《欢乐颂》和《沉思颂》。我以前也没读过弥尔顿的作品，后来有一次出版社要出版我爸爸翻译的《沉思颂》，这是他生前翻译的，但他自己没机会看到书出版。出版社希望我写个后记，我于是真正读了弥尔顿的作品，真好，难怪我爸爸为之着迷。

他们都是典型的学者型翻译家，我家里的书，他们都是从头到尾读

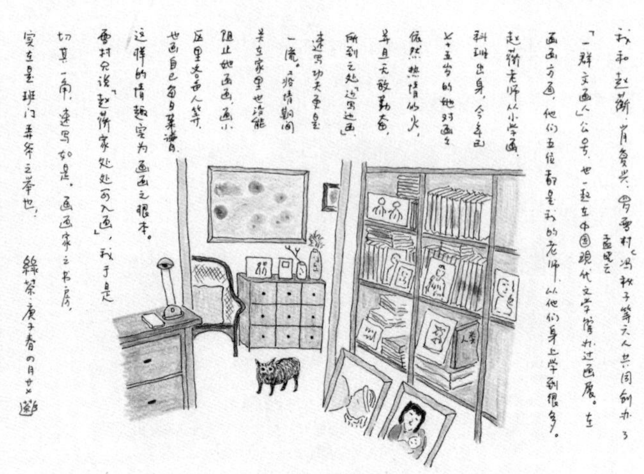

赵蘅书房　绿茶绘

完，对于师辈、同代人的著作熟知，尤其是西南联大师友们的作品。我爸爸和穆旦是同班，我妈妈和许渊冲同班。西南联大外文系出了很多大翻译家，这跟他们在学校里奠定的扎实中西方文学功底分不开，两本世界名著《红与黑》和《呼啸山庄》诞生在我家，就不足为怪了。

绿茶：您写了很多关于舅舅杨宪益的文章，还出版有《宪益舅舅的最后十年》《宪益舅舅百岁祭》等书，能谈谈宪益舅舅对您的影响吗？

赵蘅：不能用三言两语说清舅舅对我一生的影响，也不可能在一篇文章里写尽我心中的舅舅。我写了两本关于舅舅的书了，也难以表达一个长辈对一个孩子灵魂的荡涤。

从我记事起，从没见过舅舅和我们小孩厉声过。十五岁时，我考上中央美术学院附中，每到周末，就住在舅舅家。一次，舅舅带我们几个孩子去东郊体育馆看世界乒乓球锦标赛，休场时，他发给每个孩子两片面包，中间夹着黄油。现在回想起来，那一定是舅母的特供食品。当时我正处在发育期，那样的喷香解饿，一辈子也忘不了！

在舅舅面前，我们做晚辈的会永远放松。他是唯一让我们不发怵的长辈。他说现在的年轻人缺少理想，不爱读书，这是我听过的惟一批评。近十年，我常发表东西，出了几本书，和舅舅近距离接触的机会也多起来。这让我感到在舅舅的眼里，我已从一个孩子升等到可以和他谈文学的阶段了。他经常督促和询问，你应该给你爸爸写本传。

在舅舅和文学前辈那里，我才知道什么是朴素的语言，朴素才是最高的语言境界。舅舅住在友谊宾馆那会儿，一天我去看他，他应邀刚写完纪念钱鍾书的文章，递给我看，这是我第一次接触舅舅的手稿。短短几页，我惊讶他写得这样直白，一点虚词儿也没有，真是有一说一，有二说二，绝不夸张不吹捧。但看得出来，他十分敬重和怀念这位当年的英伦同学、后来的老朋友。

舅舅平时说话也同样简短而朴素，拒绝和接受都非常明确，又风趣又幽默，甚至小小的讽刺含在其中。有时候，你没有一定文化，不细细体味，还听不出来呢。这样的人在任何时候，无论是顺境还是逆境，只说一种话，真话。不趋炎附势，不说阿谀奉承的话，难怪他这一生遭遇种种不测依然坦坦荡荡呢！做自己不会后悔的事，不做不能原谅自己的事。这是舅舅的人生信条。

宪益舅舅不仅给了我父辈的爱，还给了我导师般的恩情。我总在想：爸爸走了，还有舅舅。舅舅走了，我还有谁？那是一种和失去父亲一样的痛。

绿茶：你家书房里，可以说是一个家族的档案馆，如此多珍贵的文

赵瑞蕻赵蘅父女

献，您打算如何安排？

赵蘅：我家书房虽然不大，但档案真是很多很多。早年我们在南师大，“文革”时，工宣队命令我爸上交全部藏书，推走了好几车。“文革”后，又取回来了，基本上没丢。但我爸爸自己毁了不少，各种老照片、书信、自己朗诵的诗歌录音带、纪念册等等，都烧掉了，他害怕。

十五岁离开南京到中央美院附中读书，我是三姐弟中比较早有独立生活能力的，我又是家中老二，形成了我从小比较独立沉静做事的性格。我又比较喜欢收藏和整理东西，所以，我家现在的档案，主要是我在整理。

东德时期的东西，基本都在我家。南方容易发霉，于是，一箱一箱运到北京。我每次回南京，也都大包小包背回来东西。关于《红与黑》的资料就满满一书架，还有我爸爸的手稿、译稿、书信，我爸爸的资料基本都在我这里，我请了一位同事的夫人，她在家带小孩有空，帮我做整理和录入工作。我舅舅的资料也很多，他的书、书信等等，我在写舅舅的书时，收集了很多。我比较有心，看到跟我们家有关的书、信、资料、报刊等等，都会有意收集整理。

我妈妈的资料基本都在南京，但她每次都会送我一些带回北京，慢慢这些年也存留了很多。如今，她在做离世准备，很多资料该捐的捐，该分的分，房子也捐了，百年来那么多东西都要有个合理的去处才行。

我家书房就成了家族的档案室了，爸爸、妈妈、舅舅，还包括我自己的大量书信、日记和画作。感到压力很大，需要大量的时间和精力才能把这些资料整理出来，出版也好，捐赠也好。我自己还有那么多文稿要写，还要画画。没有太具体的安排，先全部录入电脑，校对，做好基础工作。然后，每天多少做一点，慢慢梳理，再陆续整理出版。这些年，我幸运结识了忘年交小友张华丽，她帮我分担了许多整理录入工作，大大提高了效率和进度。

迟到

这一集《瓯风》去年秋天就编好了，本想赶在年底发出来，这样一年两集的计划不会落空。可是意外的事总是有，去年就少了一集。拖到现在才出版，以至忘记《编后》写了没有，临到付印，才想起缺了这篇。本集中有纪念刘节诞辰一百二十周年专题，时间过了，好在文章不会过时。不过时的文章才好，这几篇刘节未刊稿躺在箱底也好多年了。还有一篇徐光蘧的文章，也是多年前的稿子，才整理出来。胡理璋、陈嘉熙的文章亦是，都不是新写的。酒未必越陈越好，文章当然也不是放久了就好。但我有心要找点好酒。这迟到的一集，不求是人人口中的佳酿，但愿有点酒香。

编者

壬寅春分后一日

图书在版编目（CIP）数据

瓯风．第二十二集 / 方韶毅主编．-- 上海：文汇出版社，2022.3

ISBN 978-7-5496-3747-8

Ⅰ．①瓯… Ⅱ．①方… Ⅲ．①文史资料—温州—文集 Ⅳ．① K295.53-53

中国版本图书馆 CIP 数据核字（2022）第 044363 号

瓯风

第二十二集

主　　编　方韶毅
责任编辑　苏　菲
装帧设计　何天健
排版制作　胡文胜

出 版 人　周伯军

出版发行　文匯出版社
　　　　　上海市威海路 755 号（邮政编码 200041）
经　　销　全国新华书店
印刷装订　温州今日印刷有限公司
版　　次　2022 年 3 月第 1 版
印　　次　2022 年 3 月第 1 次印刷
开　　本　787 × 1092　1/16
字　　数　165 千字
印　　张　13.75

书　　号　ISBN 978-7-5496-3747-8
定　　价　48.00 元